人生大学讲堂书系·人生大学知识讲堂

心理与人生

健康人格的培养

拾月 主编

主　编：拾　月
副主编：王洪锋　卢丽艳
编　委：张　帅　车　坤　丁　辉
李　丹　贾宇墨

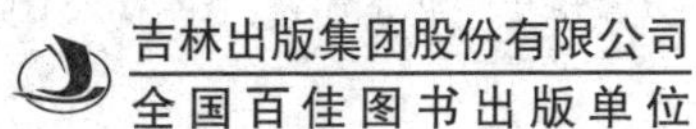

吉林出版集团股份有限公司
全国百佳图书出版单位

图书在版编目（CIP）数据

心理与人生：健康人格的培养 / 拾月主编. -- 长春：吉林出版集团股份有限公司，2016.2（2022.4重印）
（人生大学讲堂书系）
ISBN 978-7-5581-0750-4

Ⅰ. ①心… Ⅱ. ①拾… Ⅲ. ①心理健康－健康教育－青少年读物②人生哲学－青少年读物 Ⅳ. ①G479-49②B821-49

中国版本图书馆CIP数据核字（2016）第041324号

XINLI YU RENSHENG JIANKANG RENGE DE PEIYANG

心理与人生——健康人格的培养

主　　编　拾　月
副 主 编　王洪锋　卢丽艳
责任编辑　杨亚仙
装帧设计　刘美丽

出　　版　吉林出版集团股份有限公司
发　　行　吉林出版集团社科图书有限公司
地　　址　吉林省长春市南关区福祉大路5788号　邮编：130118
印　　刷　鸿鹄（唐山）印务有限公司
电　　话　0431-81629712（总编办）　0431-81629729（营销中心）
抖 音 号　吉林出版集团社科图书有限公司 37009026326

开　　本　710 mm × 1000 mm　1 / 16
印　　张　12
字　　数　200 千字
版　　次　2016 年 3 月第 1 版
印　　次　2022 年 4 月第 2 次印刷

书　　号　ISBN 978-7-5581-0750-4
定　　价　36.00 元

“人生大学讲堂书系”总前言

昙花一现，把耀眼的美只定格在了一瞬间，无数的努力、无数的付出只为这一个宁静的夜晚；蚕蛹在无数个黑夜中默默地等待，只为了有朝一日破茧成蝶，完成生命的飞跃。人生也一样，短暂却也耀眼。

每一个生命的诞生，都如摊开一张崭新的图画。岁月的年轮在四季的脚步中增长，生命在一呼一吸间得到升华。随着时间的推移，我们渐渐成长，对人生有了更深刻的认识：人的一生原来一直都在不停地学习。学习说话、学习走路、学习知识、学习为人处世……“活到老，学到老”远不是说说那么简单。

有梦就去追，永远不会觉得累。——假若你是一棵小草，即使没有花儿的艳丽，大树的强壮，但是你却可以为大地穿上美丽的外衣。假若你是一条无名的小溪，即使没有大海的浩瀚，大江的奔腾，但是你可以汇成浩浩荡荡的江河。人生也是如此，即使你是一个不出众的人，但只要你不断学习，坚持不懈，就一定会有流光溢彩之日。邓小平曾经说过：“我没有上过大学，但我一向认为，从我出生那天起，就在上着人生这所大学。它没有毕业的一天，直到去见上帝。”

人生在世，需要目标、追求与奋斗；需要尝尽苦辣酸甜；需要在失败后汲取经验。俗话说，“不经历风雨，怎能见彩虹”，人生注定要九转曲折，没有谁的一生是一帆风顺的。生命中每一个挫折的降临，都是命运驱使你重新开始的机会，让你有朝一日苦尽甘来。每个人都曾遭受过打击与嘲讽，但人生都会有收获时节，你最终还是会奏响生命的乐章，唱出自己最美妙的歌！

正所谓，“失败是成功之母”。在漫长的成长路途中，我们都会经历无数次磨炼。但是，我们不能气馁，不能向失败认输。那样的话，就等于抛弃了自己。我们应该一往无前，怀着必胜的信念，迎接成功那一刻的辉煌……

感悟人生，我们应该懂得面对，这样人生才不会失去勇气……

感悟人生，我们应该知道乐观，这样生活才不会失去希望……

感悟人生，我们应该学会智慧，这样在社会上才不会迷失……

本套“人生大学讲堂书系”分别从“人生大学活法讲堂”“人生大学名人讲堂”“人生大学榜样讲堂”“人生大学知识讲堂”四个方面，以人生的真知灼见去诠释人生大学这个主题的寓意和内涵，让每个人都能够读完“人生的大学”，成为一名“人生大学”的优等生，使每个人都能够创造出生命中的辉煌，让人生之花耀眼绚丽地绽放!

作为新时代的青年人，终究要登上人生大学的顶峰，打造自己的一片蓝天，像雄鹰一样展翅翱翔!

“人生大学知识讲堂”丛书前言

易中天曾经说过：“经典是人类文化的精华，先秦诸子，是中国文化遗产中经典中的经典，精华中的精华。这是影响中华民族几千年的文化经典。没有它，我们的文化会黯然失色；这又是我们中华民族思想的基石，没有它，我们的思想会索然无味。几千年来，先秦诸子以其恒久的生命力存活于人间，影响和激励了一代又一代人。”

人创造了文化，文化也在塑造着人。

社会发展和人的发展过程是相互结合、相互促进的。随着人全面的发展，社会物质文化财富就会被创造得越多，人民的生活就越能得到改善。反过来，物质文化条件越充分，就又越能推进人的全面发展。社会生产力和经济文化的发展是逐步提高、永无休止的历史过程，人的全面发展也是逐步提高、永无休止的过程。

青少年成长的过程本质上是培养完善人格、健全心智的过程。人的生命在教育中不断成长，人通过接受教育而成为人。夸美纽斯说：“有人说，学校是人性的工场。这是明智的说法。因为毫无疑问，通过学校的作用，人真正地成为人。”不可否认，世界性的经典文化是千百年来流传下来的文化遗产与精神财富，塑造了人们的文化精神及思想品格，教育中社会性的人际生命与超越性的精神生命都是文化传统赋予的。经典的文化知识是塑造人生命的基本力量，利用传统文化经典对大学生进行生命教育不仅必要而且可能。

经典知识尤其是思想类经典，具有博大的生命意蕴，可以丰富人的精神生命。儒家经典主要有“四书五经”，讲求正心、诚意、格物、致知、修身、齐家、治国、平天下，从成己而成人，着重建构人的社会性生命。道家经典以《道德经》《庄子》为代表，以得道成仙、自然无为为旨归，侧重人的精神生命。佛教禅宗经典以《坛经》为代表，以明心见性、顿悟成佛为核要，直指人的灵性存在，侧重生命的超越性。

传统文化经典蕴含丰富的生命智慧，有利于提升人格，涵养心灵。中国传统文化蕴含丰富的人生智慧，例如道家的重生养生、少私寡欲；儒家的自强不息、厚德载物；佛家的智悲双运、自利利他等思想，对于引导青少年确立生命的价值与信念，保持良好心境，处理人际关系，提升青少年的修养，不无裨益。

为了更好地帮助青少年在人生成长过程中得到经典知识文化的滋养，使世界先进的文化知识在青少年群体中形成良好传播，我们特别编撰了“人生大学知识讲堂”系列丛书，此套丛书包含了“文化与人生”“哲学与人生”“智慧与人生”“美学与人生”“伦理与人生”“国学与人生”“心理与人生”“科学与人生”“人生箴言”“人生金律”10个方面，丛书以独到的视角，将世界文化知识的精髓融入趣味故事中，以期为青少年的身心灌注时代成长的最强能量。人们需要知识，如同人类生存中需要新鲜的空气和清澈的甘泉。我们相信知识的力量与美丽。相信在读完此书后，你会有所收获。

目录 Contents

第 1 章 揭开人格与心理之谜

第 2 章 生活方式的心理认知

目录
Contents

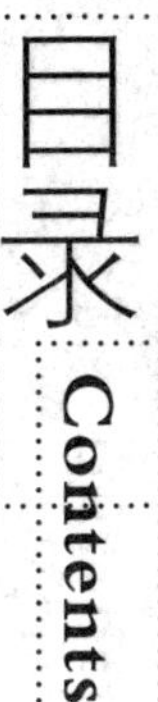

第 5 章　事业型人格的心理调适

第 6 章　成功人生的心理塑造

第7章　自我调整，迈向辉煌

第1章

揭开人格与心理之谜

美国著名的人格心理学家奥尔波特探讨了 50 种有关人格的定义后，概括出他自己的定义：“人格是个体内部那些决定个人特有的行为与思想的身心系统的动力结构。”奥尔波特的人格理论被称为特质的理论。奥尔波特认为，世界上没有两个完全相同的人，究其原因可以用特质来阐述，特质就是人格最有效的分析单元，相同的刺激作用于两个人，反应却大不一样，这也是因不同的特质导致的。他的一句名言是：“同样的火候使黄油融化，使鸡蛋变硬。”

第一节　掀开人格的盖头来

“人格”是一个多么崇高的字眼。人们常说，不要丧失人格、尊严，要尊重人格，不要侮辱人格，要做个有人格的人。

可是，究竟什么才是“人格”？众说纷纭，学术界尚未定论。怎样评判一个人的人格？如何理解一个人的人格？如何塑造和培养自己的人格？如何让自己的人格挺立？这些是每个人都极为关注的问题。

人格的内在含义

为了弄清上述这些问题，我们首先必须要弄清“人格”的历史演变及其内在的含义。

一、“人格”范畴的历史演变

“人格”一词源于晚期的拉丁文Persona，它意为面具、演员所戴的假面壳。相传罗马有位著名的演员，为了掩饰自己的斜眼缺陷，将假面壳作为面具戴在脸上。所以，在古希腊罗马的戏剧中，“人格”就作为演员所戴的假面壳。公元100年之后，这种假面壳被罗马演员普遍采用，成为演员的面具，成了人格的象征。

从某种意义上来说，戏剧和人生有着类似的地方，社会是一个大舞台，每个人都在这个大舞台上尽情地表演。所以，“人格”一词也就逐渐形成多种含义，意义多元化了起来：它代表着剧中的人物扮演的角色，

也代表着人的身份、地位和做人的资格。

罗马共和制末期思想家马可·图留斯·西塞罗（公元前106～前43年）认为人格有四种含义：一个人表现在别人眼中的印象，而不是一个人真正的样子；某人在生活中扮演的角色（如哲学家）；让一个人适合于他的工作的那些个人品质的总和；优越和尊严。

二、人格的多重含义

现如今“人格”已经演变成一个十分广泛而又复杂的范畴，“人格”已经被引入了许多学科，成为跨学科的范畴，伦理学、心理学、法学、社会学、生物学、美学、宗教学等学科均有所涉及，每个学科都拥有自己“人格”的特定的含义。由于各门学科研究的对象、领域、角度不同，所以，“人格”的定义也就大不相同。至今，“人格”的定义已经有了百余种含义，仅是在人格心理学当中，美国心理学家奥尔波特曾经综合过历史上关于人格的50多个定义。现今还没有形成一个被各门学科普遍接受的人格定义，“人格”一词仍呈现出多重含义。

（一）道德人格

伦理学是关于道德的哲学。在道德哲学的范围内，人格通常被称为道德人格。在我国古代哲学发展史中，思想家们描述的人格通常指的是道德人格，从个人气节到民族气节，从个人操守到忠君爱民，都属于道德人格的范畴。德国著名的古典哲学家康德说：“人格把我们本性的崇高性清楚地显示在我们肉眼面前。”人格是每个人独有的品质，这种品质让我们获得非凡的价值，不论我们怎样使用它。康德所说的人格，也就是伦理学上所说的道德人格。

道德人格是指个人在一定的社会生活中的道德尊严，做人的资格和为人的道德品质、品格的总称。倘若一个人自尊自爱，关心他人，热爱祖国，那么他就是一位具有道德人格的人；倘若一个人出卖自己的灵魂，崇洋媚外，见利忘义或是出卖革命，那么他（她）就具有“卑鄙的人格”，是个道德人格丧失的人。由此可见，人格是伦理学的重要范畴。

（二）哲学意义上的人格

哲学是自然知识、社会知识和思维知识的归纳和总结。哲学意义上的“人格”已经不是具体科学范畴中的人格特征了，即已经不是人的身份、地位、资格、道德品质等个性特性，而是对各部门具体科学人格的哲学概括，即抛开了人格的具体特征，抽象出人格的共同本质、共同特征。哲学所说的人格是指人之所以为人、人区别于动物的内在本质属性，是指参加实践活动的主体的为人资格、人的尊严和人的独立存在的主体地位、稳定性的完整特征和存在状态。

人格是在实践过程中所形成的人的独立性的主体地位、稳定性的完整特性和存在的状态。倘若一个人失去了自己独立存在的主体地位和存在状态，那么也就意味着他失去了为人的资格，失去了为人的尊严，因而也就丧失了人格。有些人在上级的领导面前，不辨黑白，抛开真理，阿谀奉承，像一只摇尾乞怜的流浪狗。而这些人虽然也称为人，可是却丧失了独立存在的主体地位和存在的状态，失去了作为人的尊严和作为人的资格。所以说，我们称之为没有人格的人。与此相反的是，有些人不畏强权、伸张正义、刚直不阿、维护真理、不怕打击报复，“不降其志，不辱其身”。这样的人具有独立存在的主体地位，有人格尊严和为人的资格，所以，他们是人格高尚的人。

人格的定义

综上所述，人们的人格都是平等的。简而言之，每个人无论其职位的高低，财产的多少、智慧的高低、外貌的美丑、健康状况的好坏等，其人格都是平等的，没有高低、贵贱之分的。所以说，每个人的人格都应该得到大家的尊重，那种“官贵民贱”的封建集权的思想是没落的腐朽思想，应该被彻底地抛弃。即便人格是人们共同的具有独立主体地位的、稳定性的完整的特点，可是，由于每个人的经济实力、政治态度、思想状况及其实践活动的特殊性，造成了人与人之间的气质、性格、知识、意识、才干、立场、道德、心理、审美情趣、行为准则等的截然不同。也就是说，在世界上，找不到两种完全相同的人格，人格属于个人独有的特征，离开个体的抽象人格是根本不存在的。哲学意义上的人格是对无数个体人格进行的高度归纳，可是，“一般只能在个别中存在，只能通过个别而存在”。我们应该从一般和个别的辩证方法的高度来理解哲学意义上的“人格”范畴。

美国著名的人格心理学家奥尔波特探讨了50多种有关人格的定义后，概括出他自己的定义：“人格是个体内部那些决定个人特有的行为与思想的身心系统的动力结构。”奥尔波特的人格理论被称为特质的理论。奥尔波特认为，世界上没有两个完全相同的人，究其原因，可以用特质来阐述，特质就是人格最有效的分析单元。相同的刺激作用于两个人，反应却大不一样，这也是因不同的特质导致的。他的一句名言是：“同样的火候使黄油融化，使鸡蛋变硬。”

在这里，借用中国古代的一句老话“蕴蓄于中，形诸于外”，大概是对人格最为恰当和最具有概括意义的描述了，人格的主要结构就是人的表里的统一体。

第二节　健康的人品是你的魅力名片

健康的人品中有一种特殊的味道，那就是独立、自信和富有生活的信心和激情。我们在成人之前就应当塑造自我的品性，让自己的人格逐渐趋于完美。老子曰“上善若水。水善利万物而不争，处众人之所恶，故几于道。局善地，心善渊，与善仁，言善信，正善治，事善能，动善时。”做人，心胸就要像水一样宁静深远，为人就要像水一样真诚、亲切。

人格并不是与生俱来的。它是通过学习，接收外部信息以及对知识的积累，甚至是性情的修养、为人处世的锤炼而渐渐形成的。人格也并不是每个人都具备的，人格不等同于赌气和傲骨，有时候是需要智慧与忍辱负重的心性的。古时大禹的装疯食子、越王勾践的卧薪尝胆的品格是让人敬佩的。实际上，他们的人格已然升华到了一般人无法达到的境界。

从古至今，不论尊卑贫富，不论世事变迁与纷争不休，唯有高尚的人格，唯有具备人格的底气、做人的准则，才意味着你具有无可比拟的人格魅力，才可以多一分公心，多一分人心。多一分人心，就可以多十分的力量，也就可以产生难以估计的社会力量，也就为建设我们的祖国贡献出了一份光和热。

人格魅力是一种非凡的力量，是人的一生中最重要的资本。一个人拥有了高尚的人格，势必产生强大的亲和力、感召力和凝聚力，这样才

能冠压群芳，才能一呼百应。所以说，我们应该注重人格的塑造，努力打造人格魅力。

不能自己偷自己的人格

故事发生在19世纪的一家很小的水果店里面。一位30岁左右、相貌精致的中年妇女买了一些菠萝后，递给售货员20美元并等着找回零钱。售货员接过钱放入钱匣，紧接着开始找零钱。忽然，她发现中年妇女拿过来的纸币使弄湿了的手上粘有钞票的墨水痕迹。她诧异地停了下来，想想该怎么做才好。经过几秒钟的思想斗争，她认为，作为她的老朋友、老邻居、老顾客——伊曼纽尔·戈登女士一定不会给她一张假钞。于是她如数找回了零钱，伊曼纽尔·戈登女士便离开了水果店。

后来，售货员还是有些疑虑，于是，便将那张钞票送到了警察局。毕竟，在1887年，20美元不是一个小数目。一名警察确认这张钞票是真的，而另一名警察则对擦掉了的墨迹大为怀疑。怀着好奇心与责任心，他们持搜查证去了戈登女士的家。在她的阁楼上，他们找到了一架伪造20美元钞票的机器。与此同时，他们也看到戈登女士绘制的3幅肖像画。戈登女士是一名很有才华的艺术家。她熟练地运用了名家的手笔，细致地一笔一笔地描绘了那些纹路——20美元假钞。她几乎骗过了每一个人，可是最后，命运安排她不幸地暴露在一双湿手上。

戈登被捕以后，她的肖像画被拍卖到了高达16000多美元，每幅

画均超过了5000美元。这个故事的讽刺之处就在于，戈登几乎用了同样的时间来画了一张20美元假钞和1幅价值超过5000美元的肖像画。不论从哪个角度来看，这个卓越的天才人物都是一个窃贼。她从自己身上偷走的东西更多，倘若她能够合理地发挥自己的才华，她不但会成为一个富有的人，而且在此过程中还能为她的朋友带来无数的快乐和利益。

不论是在历史上，还是在当下的生活中，有才无德之人屡见不鲜，因为无德，他们才智的闪光点被抹杀。所以品格和智慧对于一个人来说同等重要，唯有德才兼备的人才，才能真正成为有用的人才。

一诺千金

托马斯坚定地说："一诺千金，我一定要爬着上班！"

1998年12月1日，加拿大的一位小学校长托马斯在雪地中爬行1.6公里。耗费3个小时去上班，并受到了过路人和全校师生的热烈欢迎。

原来，这个学期开始，为了激励全校的师生去读书，托马斯曾公开打赌："如果你们在12月1日前读书15万页，我就在那天爬行上班！"于是，全校的师生铆足了劲儿来读书，甚至连校办幼儿园的孩子也加入了这一活动中，终于在11月9日前读完了15万页书。有的学生打电话给校长："你爬不爬？你说话算不算数？"也有人劝阻他："你已经达到激励学生读书的目的了，不要爬了！"可是，托马斯却坚定地说："一诺千金，我一定要爬着上班！"

和每天一样，托马斯早晨7点离开了家门，所不同的是他没有开车，而是手脚着地爬行上班。为了安全和不影响交通，他不在公

路上爬，而是选择在路边的草地上爬行。过路的汽车向他鸣笛致敬，甚至有的学生索性和校长一起爬，新闻单位也前来采访。历时3个小时的爬行，托马斯磨破了5副手套，护膝也磨破了，但他终于爬到了学校，全校师生夹道欢迎这位心爱的校长。当托马斯从地上站起来的时候，孩子们蜂拥而上，抱他，吻他……

言必信，行必果。校长为人师表，他的品行将感染这个学校所有孩子的心灵，他身体力行，教导孩子们做信守承诺之人，校长的一个行为有了双重的价值。

人格魅力是一个人的气质、品行、能力、学识等诸多因素汇聚在一起体现出来的一种人格的凝聚力和感召力。人格魅力不是与生俱来的，而是通过提高自身的道德修养、学识水平、气质内涵加以培养的，是塑造良好个人形象的最佳途径，更是推动工作、成就事业的基石。

人的魅力，就是你这个人所散发出来的、所具有的独特的魅力，也就是你对别人的那种吸引力。倘若你对别人有了吸引力，也就说明你同时具备了魅力，你有可能会成为一个焦点，吸引了我们的眼球。总之，有各种各样的吸引力让大家都注意你，让大家都记住你，让大家都愿意和你交往。

健全的人格还表现在四个方面：一是树立责任意识，而诚实是责任中最优秀的品质；二是要有坚强的意志力和创新的勇气，只要不违反道德，就要有“敢为天下先”的勇气，更不要怕“出头的椽子先烂”；三是要有良好的健康心态，一个人的出身背景不能选择，但是他却可以选择心态，要有包容的精神，对生活要有积极的心态，做什么事情都要充满激情和热情；四是要有合作的精神，学会怎样和别人打交道、怎样与人合作。与此同时，自律、自制是人格的基石，一个有健全人格的人要学会克制自己的感情，不能因一时冲动而铸成大错。

艾森伯格曾说过："一旦基本的生存需要得到保证以后，心理质量在决定人们生活质量中起着重要作用。"

总而言之，追求卓越的人生必须要具备健康的人格，所以了解人格的形成与发展的规律，掌握塑造健康人格的途径和方法，才能让人格品质逐渐趋于完美，才能创造更加卓越灿烂的人生。

第三节 完美心理也会遇上急转弯

什么才能算作完美？完美没有可以衡量的标准，完美是相对的、辩证的，完美取决于人的内心的评判态度。

人与人之间只存在着微小的差距，可是，就是这种微小的差距却往往造成了巨大的差异，很小的差异取决于你所具备的心态是积极的还是消极的，巨大的差异决定了人生的成功与失败。

而问题的关键取决于我们的心态。所谓的心态，即心理态度的简称，包含诸多的心理品质的修养和能力。换句话说，心态体现在人的意识、观念、动机、情感、气质、兴趣等心理表象的活动中，它是人的心理对各种信息刺激做出反应的趋向。人的这种心理反应趋向无论是认识性的、感情性的，还是行为性的、评价性的，都对人的思维、选择、言谈和行为起到了导向和支配的作用。所以说，我们要有充分的理由相信：人生的成败、快乐和幸福源自诸多因素的影响，但起关键作用的却是心态。

在生活中，很少有一帆风顺的时候，总是难免有一些挫折或是意外不断地发生，倘若心态不健全，那么幸福和快乐不免就会大打折扣。无论在任何时候，秀丽的景色都需要用舒畅的心情才能够欣赏。生活就像是一面镜子，你对它哭它就哭，你对它笑它就笑，你对它怀有消极的态度，它便暗淡，减少你的快乐和幸福；你对它怀有积极的态度，它便帮助你乐观地对待竞争、压力，轻松地前进、成功。

狄更斯曾说过：“一个健全的心态，比一百种智慧更有力量。”由于心态能影响一个人的一切，所以，不论情况或好或坏，都要抱着积极的心态，千万不要让沮丧代替了希望。生命可以不断地升华，也可以变得一无是处，关键是要看你个人的心态如何。一个人有什么样的心态，便有什么样的人生。左右我们人生的绝不仅仅是环境，心态掌控了一个人的行动和思想，同时，心态也决定了我们的视野、事业和成就。

天堂与地狱

一名教徒很想知道天堂到底是什么样子的。

他问先知伊里亚：“地狱在哪里？天堂又在哪里？”

伊里亚并没有回答他，而是拉着他的手领着他穿过了一条黑暗的通道，走进了一座殿堂，他们穿过了一个铁门，走进了一间挤满了人的大屋，那里有穷人也有富人，有的人衣不蔽体，有的人却腰缠万贯。

在屋子当中，有一个熊熊燃烧着的火堆，上面吊着一口大汤锅，锅里的汤沸腾着，飘散着令人垂涎的香味，汤锅的周围，挤满了饥肠辘辘的人。他们每一个人的手里都拿着一把好几尺长的大汤勺。舀汤的一端是个铁碗，勺把是木制的，这些饥饿的人们围着汤锅贪婪地舀着，由于汤勺的柄特别的长，一个汤勺又特别的重，即便是身体强壮的人，也不可能把汤喝进自己的嘴里，而不得要领的那些人不仅烫了自己的胳膊和脸，还将身边的人也烫伤了，于是，他们相互谩骂，进而用汤勺大打出手。

先知伊里亚对那个教徒说："这就是地狱！"然后，他们离开了这间屋子,从一条昏暗的过道上走了好一阵子才来到另一间屋子。同前面的画面一样，屋子中间有一个热汤锅，很多人围坐在旁边，手里拿着长柄汤勺，也是木制的柄、铁制的碗。除了舀汤的声音外，只听到静静的满意的喝汤声，锅旁总保持两个人，一个舀汤给另一个喝。倘若舀汤的人累了，另一个人就会拿着汤勺来帮忙。

先知伊里亚对教徒说："这就是天堂。"

从容应对心理

当一个人面临危急情况的时候，最困难的就是还能从容镇定地应对。那需要长期的修行，才能练就临危不惧的镇定功夫。日本高僧大舍和尚为人宽容大度，能够从容地面对一切。

有一天晚上，一个小偷潜进了大舍的住处，想要偷东西。这时，大舍正在书房里看书，小偷发现屋内有人，于是将心一横，马上变成了强盗。他满脸横肉，手握尖刀，一路大声吆喝着冲了进来，意图很明显，是在威吓屋内人就范。

面对凶狠的强盗，大舍面不改色地问道："你是要钱还是要

命？”

强盗没想到和尚会有此一问，愣了片刻，支支吾吾地说：“要……要钱，我……我不要你的命。”

大含从容地站起身，从柜子中拿出了所有的钱，全部交给了强盗，说：“这是我全部的积蓄了，你就拿去吧！”说完就坐下来，继续看书。

强盗拿了钱转身就要离开了，大含突然叫住他：“等一下。”突然的喝叫声让强盗脸色大变，以为和尚改变心意。大含慢条斯理地说：“月黑风高，可能有人还会闯进来，待会儿你务必把门关紧啊！”

强盗唯唯诺诺地走了，内心直犯嘀咕：“连偷带抢的勾当至少干十年了，从没碰到像和尚这样的怪人。好像一点儿也不害怕。”

几天以后，这个强盗在别处犯案被逮，向法官供出在大含和尚处抢劫的经过。法官因此传讯大含和尚，并问他：“强盗闯进你家，抢了你全部的财产，你为何不向官府报案呢？”

大含笑着说道：“钱财乃是身外物，不值得一提。何况那些钱是我主动给他的，他并没有出手向我硬抢，所以我干嘛要报案呢？”

慷慨就义比较容易，从容赴难就比较困难。同样的问题，解决的方式和方法不同却决定了生活在天堂还是地狱。步入天堂或是下到地狱，完全取决于我们的心态和解决问题的方法，更重要的是取决于我们是否与他人合作以及自己的心理态度。积极的心理就是天堂，消极的心理就是地狱。

一个人生活在社会中，总是要扮演一种或是多种社会角色，每个

人的角色不同，那么他或她就会具备自己独有的心态，也必然会怀着这种心态对待生活、事业、爱情。心态能左右一个人的方方面面，甚至是影响到了家庭、团队、组织，最后影响到了社会。人的心理态度是决定人生命运的舵手。一位哲人曾说过："你的心态就是你真正的主人。"一位伟人曾说过："要么你去驾驭生命，要么是生命驾驭你。你的心态决定谁是坐骑，谁是骑师。"佛家常说："物随心转，境由心造，烦恼皆由心生。"歌德也曾说过："人之幸福在于心之幸福。"上述伟人所说的都是一个人拥有什么样的心理状态，就会产生什么样的生活现状。人生的方向是由"态度"来决定的，其或好或坏的结局足以明确我们构建的人生的所有优劣性。心态的不同必然会导致人格和作为的不同，甚至还会有迥然不同的结局：不良的心态是形成不良性格与不良人生的罪恶源头，而良好的心态却能带领我们走向人生的辉煌。

每个人都有困惑、烦恼、不适的时候，倘若一个人的心头有忧虑而不将这些事情告诉他人，可能就会造成精神的紧张，甚至还会延伸到多疑病、强迫症等心理问题或障碍。根据心理学家的研究表明：烦恼、忧虑的情绪让人感到紧张和疲劳。再也没有比紧张和疲劳更容易让人加快衰老的情绪了，同时也会让人得高血压、心脏病、胃溃疡等疾病。担任过美国最高法院大法官查尔斯·埃文斯·休斯说："人不会死于工作过度，而会死于浪费和忧虑的。"所以，倘若你遇到情感上的难题，不妨去找一个值得你信赖的、专业的、懂得心理学的人谈一谈，将心里所有的苦水和牢骚说给他（她）听；倘若你感到精神颓丧，就到心理咨询师那里寻找治疗方法，这等于替你在精神上"打了一针"。

斯宾诺莎曾说过："懵懂无知的人不仅由于外界的各种因素而焦躁

不安，以致永不得享受心灵的宁静；他还对神和万事都懵懂无知，若不痛苦，便无法生活，真正不痛苦时，也就不存在了。有智慧的人，在他被认为有智慧的范围内，心神泰然，还由于意识到神、万物和自我因具有某种永远的必然性而时刻存在，由此得以安享心灵的宁静。”痛苦、焦虑、失落、沮丧等一些负面情绪是人生的常态，而快乐、幸福、满足等情感反而是异状，它是暂时的、短暂的情绪。从本质上看，一切都是短暂的。适度的痛苦和焦虑能让人产生动力。接受痛苦、焦虑、失落、沮丧等负面的情绪，坦然地面对，就能减少心理精神能量的消耗。有智慧的人才能够充分地认识到事物的本质，“以理化情”，不为情所困，不为情所累，尽量地减少心理精神能量的消耗。

心态是我们命运的领航人，实际上，它也是我们唯一能够完全掌控的东西。唯有我们建立起正确、积极的人生观、价值观，以积极、健康、乐观的心态对待生活、工作，才能获得健全又高质量的生活。

第四节　影响心理健康的因素

什么样的心理是健康的

说到健康，以前的观点是“身体强壮，全身没什么病痛，能吃能睡”，就是健康。而现如今为健康的概念赋予了全新的含义。联合国世界卫生组织指出，判断一个人是否健康，除了身体方面的健康以外，还应该加上心理健康以及能否适应社会等方面的条件。人类对健康观念的认识是随着社会的发展以及人类对自身的认识的深化而不断增加的。在生产力低下时期，人类只注重如何适应和征服自然，维持自身的生存。随后，伴随着生产力水平的提高，人类开始关注身体的健康，防病治病的医学科学应运而生。从健康观的演变可以看出，科学的健康观改变了人们传统的“没有疾病即健康”的观念，健康的目标是追求一种更积极的心理状态、一种更高层次的身心协调与发展。

人在认识世界和改造世界的过程中，与周围的环境交互作用，与现实事物发生多种多样的联系。现实事物对人总是赋予一定的这样或那样的意义，人对这些事物就抱有一定的这样或那样的态度。人对客观事物的态度与人对事物的认识有所不同，它总是以带有某些特殊色彩的体验形式表现出来。情绪和情感是人对客观事物的态度的一种体现。

心境是一种让人的一切其他体验和活动都感染的、情绪色彩的、比较持久的情绪状态。心境不是关于某一种事物的独特表现，它具有弥散性的特征。心境对人的生活有很大的影响。积极、良好的心境有助于积极性的发挥，能不断地提高效率，战胜困难；消极、不良的心境让人厌烦、消沉。激情是强烈的、暴风雨般的、激动而短促的情绪状态。激情有着明显的外部表现，它笼罩着整个人。处于激情的状态下，人的认识活动的范围通常会缩小，人被引起激情体验的认知对象所局限，理智的分析能力受到压制，控制自己的能力减弱，通常不能够约束自己的行为，不能够正确地评判自己的行动的意义和后果。所以说，对于不良的激情需要动员意志力，有意识地控制自己，转移注意力，以冲淡激情爆发的程度。可是，有些激情是积极的，它可以成为动员人们积极地投入行动的巨大动力。

如何培养健康的心理

世界上不存在两片完全相同的树叶。同样的道理，每个人在世界上都是独一无二的，每个来到这个世上的人都具有与众不同的特征。所以说，每个人都会以独特的方式来与他人进行互动、继而感动别人。倘若你不相信的话，不妨试着想一想：有谁的基因会和你完全相同？有谁的个性会和你一毫不差？你应该相信：在这世上，你是别人无可取代的。这虽然不是让自己成为中心的全部理由，但是，你却能因此而获得足够的自信。你有权利去相信自己，所以，请放心大胆地去做自己想做的事情。如果因为某些理由让自己无法相信自己的话，没关系，请每时每刻把这句话放在心里，直到你能够相信自己为止：相信自己，让自己成为上帝，无所不能！

健康的心理绝不是生来就有的，需要长期不断的锻炼和培养。那么，怎样才能够培养健康的心理呢？概括起来，主要从以下几方面做起：

（一）健全认知过程

健全的认知，首先要度德量力，对于自己的气质特征、智能结构、潜在能力以及在集体中的位置等，要有一个客观的、准确的评价；其次是要正确地认识他人，多看别人的长处，为人际关系的发展打下良好的基础；再次，就是要在认知的过程中不断地提高自己。

（二）讲究情绪调整

面对现实生活中的烦恼，把劣性情绪强行积攒在心里，显然是不妥的。消极的情绪产生时，可以设法调节，比如做一些自己爱做的事情、参加一些娱乐活动等。也可以适当地宣泄情绪，比如找一些知心朋友聊聊天，一吐为快；或到深山无人处大叫大喊。

（三）培养健康的个性

应具有豁达的胸怀，对未来充满信心。同时，也要实事求是地着眼于现实，分清主次，做好每一项工作。对人真诚，而不是虚伪的浮夸或是自命清高。

（四）注意磨炼意志

意志的磨炼可以从多方面做起，比如对自己的理想进行探求，不受流言蜚语和社会偏见的束缚，培养耐力和毅力，一步一个脚印地努力去实现。有时为了目标的实现，要控制一时的感情冲动，约束自己的行为。

（五）融洽人际关系

现代人应该乐于交际，接触别人时应该保持积极的态度，要能够理解和接受别人的思想感情，并要善于表达自己的思想感情。在集体中，既要有广泛的朋友，又要有一两位知己，而不都是泛泛之交。

自我认定的转变很可能是人生中最有趣、最神奇和最自在的经历。这个暂时的自我可能会让某一些人拥有勇气去做一些平常不敢做的事，甚至是一些和他们平日里的自我认定不相符的。当我们换个角度进行自我认定，很可能就会因此而超越了过去及现在所贴在身上的一切标签。把握现在，让我们来拓展自己的人生吧！

第五节　阳光心态成就健康人格

什么才是阳光心态？一般说来，健康的、平衡的、愉快的、积极的、向上的、包容的、感恩的心情、心境都是阳光心态。这是做人、做事的一个基础。基金投资亦是如此，倘若保持一个良好的阳光心态，即便经济危机，财富缩水，也照样可以泰然自若，冷静对待，荣辱不惊。所以，保持良好的阳光心态有利于我们的发展。

我们都知道，种子萌芽生长一定要经历黑暗中的挣扎才能够破土而出，见到第一缕光亮；蛹破茧而出一定要经历痛苦的挣扎才会有彩蝶的翅膀振翅高飞。我们无法事先判断事物的好与坏，但是我们可以带着阳光的心情去创造成功，体验过程。面对紧张的工作、繁忙的生活，保持阳光一般温暖而灿烂的心态，用一种阳光心态处世，那么，我们最终收获的将是内心的平静和幸福。我们很少想到自己现在拥有的，却时常想到自己没有的。一旦心态出了问题，那就势必要调整好心态，拥有好的心情，才能欣赏好风光。塑造健康的心态，塑造知足、感恩、乐观开朗的阳光心态，就是要建立积极的价值观，获得健康的人生，释放强劲的影响力。倘若内心是一团火，就能释放光和热；倘若内心是一块冰，即便是融化了，也还是没有任何的温度。想温暖别人，首先要照亮自己的内心。点亮一盏心灯，塑造阳光心态。

不以得为喜，勿以失为忧

鲍勃曾经是一个患得患失的人，他很容易受到不良情绪的影响。直到有一天，他偶遇了一个人，就是这个萍水相逢的人彻彻底底地改变了鲍勃对生命意义的理解。

那个时候，鲍勃在纽约经营着一家杂货铺，因为经营不善，不但花掉了他的所有积蓄，还让他负债累累。举步维艰的状况让鲍勃恨不得自杀。有一天，鲍勃在一家商店门前发现了一则招聘广告，他兴奋不已，赶紧凑上前去看个究竟。不看还好，一看不免灰心丧气。因为广告中提出的要求，自己一条也不符合，看来自己和这个工作无缘了。

正在他惆怅不已的时候，他看到街道的尽头走来了一个人，严格地讲，这个人是“滑”着来的。他没有双腿，也没有手，坐在一个装有滑轮的小木板上，完全凭借光秃秃的双臂夹住一根支棍滑行。他滑行到人行横道时，慢慢夹起小木板，试图穿过马路。

就在此刻，他注意到了鲍勃的目光。这个残疾人不但没有像大多数的残疾人一样低下头继续“走路”，反而不卑不亢，坦然一笑，还很自然地和鲍勃打着招呼：“早安，先生！今天的天气真不错！”

鲍勃被这个矮小的残疾人深深地震撼住了。这位缺了双腿双手的人尚且如此快乐，自己作为一个四肢健全的人，还有什么好自怨自艾的呢？与他相比，自己有手有脚能行走，是多么富有啊！

故事中的残疾人，在艰难的行走中还不忘记和人打招呼，足见其乐

观；无手无脚，还勇于和健全人讲话，足见其勇气和自尊；在木板托起的滑行生活中，仍能注意到好天气，足见其豁达。与故事中的残疾人相比，我们这些健全的人都应该是幸福和富有的。可是，有多少人能够由衷地体会到上苍赐给我们的幸福呢？正因为我们从来就没有真正地失去过什么弥足珍贵的东西，所以我们才不曾真正地体会到自己现在所拥有的一切。

生活中有多少人因为得到了一点儿东西，就变得兴奋不已，又因为失去一点儿东西，就变得垂头丧气。患得患失本身就是一种不健康的心理。这是只顾眼前的利益，而不顾及将来发展的典型表现。在我们的生活中，大约有90%的事情都是积极的，但也会有10%的事情是消极的。倘若你想过得快乐，活得轻松，就应该把精力放在这90%的积极的事情上面；倘若你想担忧、操劳，或是抑郁，那么就把精力放在那10%的消极的事情上面。遭遇挫折和困境是人生的必经之路，逃避挫折只是暂时的安慰，只有面对，才能使自己走向成熟。

生命中只有两个目标：其一是追求你所要的，其二是享受你所追求的。但也只有最聪明的人，才可以达成第二个目标，才能在得失的心态上寻找到真正的平衡点，才不会有挫败感。

让流言蜚语见鬼去吧

一群人到山上去打猎，其中一个猎人不小心掉进了深不见底的坑洞里，他的右手和双脚都摔断了，只剩一只健全的左手。坑洞非常深，而且又很陡峭，地面上的人无能为力，只能在上面喊叫。

幸好，坑洞的壁上长了一些杂草，那个猎人就用左手撑住洞壁，用嘴巴咬住草，慢慢地往上攀爬。

地面上的人循着微光，看不清洞内的情况，只能大声地为他加油打气。等到看清他身处的险境，看清他用嘴巴咬着小草不断地攀爬的时候，大家忍不住纷纷地议论了起来。

“哎呀！像他这样肯定爬不上来了！”

“情况真糟，他的手脚都断了呢！”

“是呀！那些小草根本不可能撑住他的身体。”

“真可惜！他如果摔下去死了，庞大的家产就无缘享用了。”

“他的老母亲和妻子可怎么办才好！”

落入坑洞的猎人最后实在是忍无可忍了，他张开嘴大叫：“你们都给我闭嘴！”

就在他张嘴的那一刹那，他再度跌入了深坑，当他摔到洞底即将死去的时候，他听到洞口的人异口同声地说：“我就说嘛！用嘴爬坑洞，是绝对不可能成功的！”

佛家有云：“静坐常思己过，闲谈莫论人非。”可是我们是凡人，很难做到那么高的境界。所以，在生活中，我们经常会听到各种各样的对别人的评论，有的是弄虚作假，有的是夸大其词，更有甚者是生编硬造。说这些话的人各怀目的，多数是因为自己做不到，看到别人能做到时，就会心生嫉妒、恶语相向。有多少颇具潜质的明星被各种传言、绯闻弄得心力交瘁，甚至前途断送。假如我们不把谣言当回事儿，传者也就失去了继续传播的兴趣。久而久之，流言便会自生自灭了。

在自己面对困境和难关的时候，不要在意别人的议论，让绯闻见鬼去吧！捂住耳朵，努力向上攀爬，终会成功。

只有保持良好的心态，工作才会提高效率，家庭生活才会幸福美满。21世纪生活工作节奏不断加快，每个人的压力都在逐渐增加，究其原因，在于人们内心的困惑太多，没有调整好思维和价值观，抱怨和指责最终导致了工作效率的低下，家庭和工作都无法维持平衡的状态，产生了巨大的负面压力。倘若想避免这些惨剧的发生，就要调整好自己的心态。如何采取积极、主动、阳光的心态进入工作，已经成为值得每一位员工深思的问题。事物随时都在发生变化，唯一不变的就是“变”。很多事情即使从表面上看起来很复杂，可背后却有着一定的规律可循，不论是方法、效率还是其他，最终都取决于人的心态。

拥有阳光的心态，就从现在做起，从点滴中做起。假如人养成了阳光的性格，那么不论遇到了什么事情，都会永远保持阳光乐观的心态。许多事情都是客观存在而无法改变的，唯一能改变的就是自己的心态，而心态是一种修为和境界，在要求别人的同时，首先要改变自己的观念，要以同样的方式对待他人。世上有些事是无法提前预知的，唯有认真活在当下，才是最真实的人生态度。

第2章

生活方式的心理认知

当我们遇到问题的时候，不要一条路走到黑，转换考虑问题的角度，同样也可以取得事半功倍的效果。做事情要经常动脑子，机智灵活。在日常生活中，我们既不可能每时每刻都去反省自己，也不可能总把自己放在局外人的地位上来审视自己，于是只能借助外界信息来认识自己。正因为如此，每个人在认识自我的过程中就很容易受到外界信息的暗示，迷失在环境当中，受到周围信息的暗示，并将他人的言行作为自己行动的参照。

第一节 100个哈姆雷特
——角度效应

俗话说得好，“有想法才能有作为”，在我们遇到不同问题的时候，正面考虑假如行不通的话，不如运用逆向思维的思考方式，有时就会有意想不到的收获。总之，为人处事要动脑子，要灵活。

转换考虑问题的角度

清咸丰年间，太平天国英王陈玉成、胡以晃的起义军，在安徽境地遭曾国藩统领的湘军围剿。两军每次交战都十分惨烈，却又总是难分高下，暂时处于对峙的状态。

当时，曾国藩官任一方。有一天，有人向他密报，说有些军人心存不轨，劣迹累累，经常去百姓家抢劫财物，调戏民女。曾国藩听说以后，便到乡间微服私访，从中了解到，很多良民对依仗权势欺压他们的贪官污吏都痛恨不已，对一些地主的强横恶霸之行，更是敢怒不敢言。人们怨声载道，却不敢向衙门检举控告。曾国藩把了解的情况对下属们说了，有人建议在营署前挂一个大箱子，然后张贴文告：凡是地方有人想控诉某人，可以用匿名信的形式，写好控诉文书投入箱内。官员定时派人从箱中取出文书，即行究办。曾国藩觉得此法可行，便很快采纳了。

文告贴出后不久，果然很奏效，每天晚上开箱都会取出很多信件。依据信中所检举之事，进行调查后查办了不少人，没有检举到的贪官污吏、恶霸听闻后，也将自己的行为收敛了不少。可是，也有诸多不尽如人意的地方，一些心怀不轨、心术不正的百姓因与人存有私怨，就会捏造一些莫须有的事实投书控告，以泄个人私愤。一时投告之风猛若旋风，甚至有些高风亮节、行正品优的官吏因秉公办事得罪了一些小人，这些奸小之徒就借机诬告陷害。尽管最终都能查明为诬陷，可是，最初审判质询的时候，依然令人很难堪，也极大地伤害了其自尊心。而且担任主审判的官员，对这些空穴来风的申诉又很难找到原告，以至于处理起来十分困难，弄得他们很烦恼。于是，有一位官员向城中的一位讼师求教该怎样解决此类问题。

这位老讼师德高望重，阅历丰富。他沉思了一会儿说："你放心，三天之内此事就会销声匿迹。"这位官员听后，半信半疑，但又不便多问，于是就谢过老讼师回去了。老讼师说这话后的第二天，曾国藩突然下令，将营署外的大箱子全部撤掉！停止投诉之事。

原来，老讼师写了十几张匿名控诉文书，都是痛斥曾国藩本人的。曾国藩对此既不能置之不理，可又实在找不出是谁写的。抓不到诬告人，只好彻夜反省自己的不足之处，觉得自为官以来，总是恪尽职守，秉公办事，没有做过负国负民的事，竟然遭到了如此严厉的指责！想到自己所管辖的官吏，也会无缘无故地被诬告，那么，这文诉箱便与初衷相违了。留它还有何意义呢？只好取消了先前的命令，撤掉了文诉箱。

当我们遇到问题的时候，不要一条路走到黑，转换考虑问题的角度，同样也可以取得事半功倍的效果。做事情要经常动脑子，机智灵活。讼师的方法成功了，文诉籍成功被撤除。既然不能解决它，那么就激化它的矛盾，让他自己退缩，这就是逆向思维的成果。

智慧能让你变得更加有魅力，智慧能让你遇到问题后迎刃而解，智慧能在你遇到危险的时候让你轻松地脱身。可是，正确的、为人称颂的智慧才算得上大智慧，骗人的、投机取巧的坏点子不叫智慧。因此，一个人的品质好坏直接影响其智慧的发挥，看下面的故事：

终遭惩治的某甲

宋朝的李南公尚书担任长沙县令时，有一天，有甲乙两个汉子来告状。李南公见甲高大魁伟，煞是威武；乙却瘦弱憔悴，一派病态。李南公问："你们为何告状？"甲说："乙打我，把我身上打得遍体是伤，请老爷明判。"乙却气愤地申辩说："他胡说，明明是他打我，不信可以看我身上的伤为证。"两人争执不下，互相指责。李南公喝道："来人，将他俩的衣服脱下，待本官验伤定夺！"几名衙役上前脱下甲乙的衣服，见两人膀上、胸口等处都已青赤，伤痕累累，看来这一架打得还不轻。

李南公心中疑惑，这两人打架，从体力上讲，甲强乙弱，而且体能悬殊太大，吃亏的肯定是乙。可为什么甲身上居然也会受到如此的重伤呢？于是，便问乙道："你练过武功没有？"乙垂泪回答："小人体弱多病，从未练过武功。倘若有武功在身，今日岂会遭他如此欺凌？”李南公像是忽然想起了什么，便捏捏他们的伤处，一摸便有数了。正色道：“乙伤是真伤，甲伤是假伤。”

甲不服气，经过审讯，果然如此。原来，甲乙两家一向不和。为了泄愤，甲事先采集了一些榉柳树叶，用树叶涂擦胸口及手臂，不一会儿，皮肤上便会出现青赤如同殴打的伤痕。之后，他又把剥下的树皮平放在皮肤上面，用火热熨，便又出现了棒伤的痕迹，肉眼根本无法判断其真伪。一切准备完毕，便诱乙出门。至僻静处，一顿拳打脚踢，把乙打得遍体鳞伤。乙不甘受辱，拼死拉其见官，甲亦不惧，以为自己身上的假伤足以以假乱真。于是便出现了以上一幕。

李南公勃然大怒，立即判打甲100板子，罚银20两给乙作赔偿。衙役不解李南公何以觉察甲伤有假，李南公道：“殴打的伤痕会因血液凝聚而变得坚硬，而伪造的伤痕却柔软平坦，一摸便知。他用榉柳树叶涂擦皮肤，又怎么能骗得了本官？”

智者所表现出的聪明才智，与其所得总不会相差甚远。所以，只有满足于自己良好的感性和理性思维判断力，才能让你在这群同样杰出的人当中长久地受到欢迎。我们应牢记一点：或许你会因为自己的才智而受到他人的敬慕，但只有你具备良好的品质，你才能真正地被人爱戴。

第二节 每时每刻都有受骗的群众降生人间——巴纳姆效应

巴纳姆效应是由心理学家伯特伦·福勒在1948年通过试验证明的一种心理学现象，它主要表现为：每个人都会很容易相信一个笼统的、一般性的人格描述特别适合他。即便这种描述十分空洞，可是他们仍然会认为这反映了自己的人格特征。而要避免巴纳姆效应，就应该客观真实地认识自己。

伯特伦·福勒给一群人做完明尼苏达多项人格调查表以后，拿出两份结果让参加者判断哪一份是自己的结果。实际上，一份是参加者自己的结果，另一份是多数人的回答平均起来的结果。参加者竟然认为后者更为准确地表现了自己的人格特征。

这项研究很形象地为我们说明了巴纳姆效应的表现形式。曾经有心理学家用一段笼统的、几乎适用于任何人的话让大家判断是否适合自己，结果显示，绝大多数的人会认为这段话把自己刻画得惟妙惟肖、准确至极。

下面一段话是心理学家使用的材料，你觉得是否也适合你呢？

你很需要别人喜欢并尊重你，你有自我批判的倾向，你有很多可以成为你优势的能力尚且没有发挥出来，同时你也有一些缺点，不过你一般可以战胜它们。你与异性交往有些困难。尽管外表上看起来显得很从容，其实你内心焦急不安。你有些时候甚至会怀疑自己所做的决定或是所做的事情是否是正确的。你喜欢生活有些改变，厌恶被别人束缚。你以自己能独立思考而自豪，别人的建议如果没有充分的证据你不会接受。你认为在别人面前过于坦率地表露自己是不明智的。你有时外向、亲切、好交际，而有时则会内向、谨慎、沉默。你的有些抱负通常很梦幻，不够现实。

这其实是一顶套在谁头上都合适的帽子。在生活中，这种效应的典型反映是在算命的过程中。许多人请教过算命先生后都认为算命先生说得“很准确”。实际上，那些求助算命的人本身就有易受暗示的特征。当人的情绪处于低落、失意的时候，特别容易对生活失去方向感，于是，安全感也会受到影响。一个缺乏安全感的人，心理的依赖性也会大大的加强，受暗示性就比平时更强了。加上算命先生善于揣摩人的内心感受，使求助者能够感到一种精神安慰。算命先生接下来再说一段一般的、无关痛痒的话，便会使求助者深信不疑。

爱因斯坦的故事

爱因斯坦小的时候是一个十分顽皮的孩子，他的母亲经常为此忧心忡忡。母亲再三的告诫对他来说如同耳边风。直到 16 岁那年的秋天，有一天上午，父亲把正要去河边钓鱼的爱因斯坦截住，给他讲了一个故事，正是这个故事改变了爱因斯坦的一生。

父亲说：“昨天我和咱们的邻居杰克大叔去清扫南边的一个大烟囱，那烟囱只有踩着里面的钢筋踏梯才能上去。你杰克大叔在前面，我在后面。我们抓着扶手一阶一阶的终于爬了上去，下来的时候，你杰克大叔依旧走在最前面，我还是跟在后面。后来，钻出烟

囱的时候，我们发现了一件奇怪的事情：你杰克大叔的后背、脸上全被烟囱里的烟灰蹭黑了，而我身上竟然连一点儿烟灰都没有。”

爱因斯坦的父亲继续微笑着说：“我看见你杰克大叔的模样，心想我一定也和他一样，脸脏得像个小丑，于是我就到附近的小河里去洗漱了一下。可是，你的杰克大叔，看见我钻出烟囱的时候干干净净的，就以为他也和我一样干干净净的，只是匆忙地洗了洗手就上街了。结果，街上所有的人都笑疼了肚子，还以为你的杰克大叔是个疯子呢。”

爱因斯坦听后，也忍不住和父亲一起大笑了起来。父亲笑完后，郑重地对他说：“其实别人谁也不能做你的镜子，只有自己才是自己的镜子。拿别人做镜子，白痴或许会把自己照成天才的。”

在2000年前，古希腊人就把“认识你自己”作为铭文刻在阿波罗神庙的门柱上。可是，时至今日，人们无不遗憾地认识到，“认识自己”的目标距离我们原本的自己仍然还是很遥远。究其原因，我们不能不提到心理学上的“巴纳姆效应”。

在日常生活中，我们既不可能每时每刻都去反省自己，也不可能总把自己放在局外人的地位上来审视自己，于是只能借助外界信息来认识自己。正因为如此，每个人在认识自我的过程中就很容易受到外界信息的暗示，迷失在环境当中，受到周围信息的暗示，并将他人的言行作为自己行动的参照。“巴纳姆效应”指的就是这样的一种心理倾向，即人很容易受到来自外界信息的暗示，从而出现自我认知的偏差，认为一种笼统的、一般性的人格描述十分精确地揭示了自己的特点。

20世纪50年代，心理学家保罗·米尔以著名的美国马戏团艺人菲尼亚斯·泰勒·巴纳姆的名字将伯特伦·弗瑞尔的实验结果命名为“巴纳姆效应”。巴纳姆曾经说过一句名言：“任何一流的马戏团应该有能力让每个人看到自己喜欢的节目。”

对杀人狂搞笑的预测

同样的道理，巴纳姆效应还能说明为什么人们会觉得星座性格分析、生肖性格分析、血型说明的描述符合自己的情况。从心理学的角度来分析，人们会很容易相信一个笼统的、一般性格的描述，并认为那个描述尤其符合自己的基本情况。

为此，法国的研究人员曾做过一项测试，他们把臭名昭著的杀人狂魔马塞尔·贝迪德的出生日期等资料寄给了一家自称能借助高科技软件得出精准星座报告的公司，并支付了一笔不菲的报告费用。

三天后，该公司把一份详细的星座报告发送给了研究人员，大致的分析结果如下：他的适应能力很好，可塑性很强，当这些能力得到适当的训练，就能够及时地发挥出来。他在生活中充满了活力，在社交圈举止得当。他富有智慧，是个具有创造性的人，他非常有道德感，在未来的生活会变得富足，是思想健全的中产阶级。

此外，这份星座报告还根据贝迪德的年龄做出了推测，预测他在1970年至1972年年间会考虑到感情生活并做出承诺。可实际上，“颇有道德观”的贝迪德犯下了19条命案，于1946年被处以死刑。

拿到这份搞笑的星座报告后，研究人员又把第二次世界大战发起者希特勒的生日资料发送给其他星座研究公司，并找来50多名并不知道希特勒具体出生日期的星座爱好者加入讨论。

研究人员根据星座资料询问这些星座爱好者对不同星座性格的看法，结果显示的都与多数星座资料书一致。最后，研究人员问在场的几乎所有星座爱好者，认为希特勒是什么星座，在场几乎所有的人都认为阴险狠毒的天蝎座是希特勒的星座，只有两人认为是完美主义的射手座。可实际上，希特勒的生日是在4月，与这两个星座一点儿关系都没有。

最后，星座公司也没能准确地将希特勒的性格概括出来，并且还“不准确”地预测希特勒“非常喜欢动物，富有爱心，热爱和平”。

算命、星座、生肖等预测除了有心理方面的原因，还可以用概率学理论来解释。凡事都具有两面性，因此这些预测常常有50%的胜算。“你这个人富有同情心，喜欢小动物”，像这样大众化的描述大多时候是奏效的，当然也有50%失败的机会。

要避免巴纳姆效应，客观真实地认识自己，有以下几种途径：

（一）学会面对自己

有这样一个测验人的情商的题目：当一个落水昏迷的女人被救起以后，她醒来发现自己一丝不挂的时候，第一个反应会是捂住什么呢？答案是先尖叫一声，然后用双手捂住自己的眼睛。

从心理学上来说，这是一个典型的不愿意面对自己的例子，因为自己有“缺陷”或是自己认为是种缺陷的时候，就通过自己的方法把它隐藏起来，但这种隐藏实际上也像上面的落水女人一样，是将自己的眼睛蒙住。所以，要认识自己，首先必须要面对自己。

（二）培养敏锐判断力

很少有人天生就具有明智和审慎的判断力，事实上，判断力是一种在收集信息的基础上进行决策的能力，信息对于判断的支持作用不可小觑，没有相应的信息收集，很难做出明智的决断。

有一个故事说，一个替人割草的孩子打电话给一位陈太太说："您需不需要割草？"陈太太回答说："不需要了，我已有了割草工。"这个孩子又继续说道："我会帮您拔掉花丛中的杂草。"陈太太回答："我的割草工也做了。谢谢你，我不需要新的割草工人。"孩子随后便挂断了电话。孩子的哥哥在一旁问他："你不是就在陈太太那儿割草打工吗？为什么还要打这个电话？"孩子带着得意的笑容说："我只是想知道我做得有多好！"

这个孩子可以说是十分注重收集对于自己有益的信息，所以，可以预见他的未来以及可能获得的成就，绝非是一般小孩子所能比拟的。

（三）以人为镜认识自己

通过和自己身边的人从各方面进行比较来认识自己，在比较的时候，对象的选择尤其重要。找不如自己的人作比较，或者拿自己的缺陷与别人的优点比，都会有失偏颇。所以，要根据自己的实际情况，选择条件相当的人进行比较，找出自己在群体中的合适位置，这样认识自己才比较客观。

（四）通过重大事件

通过重大事件，尤其是重大的成功和失败来认识自己。从重大的事件中获得的经验和教训可以提供了解自己的个性、能力的信息，从中便可发现自己的长处和不足。越是在成功的巅峰和失败的低谷，就越能体现出一个人的真实性格。

有人说，“成功时认识自己，失败时认识朋友。”的确有一定的道理，可归根究底，我们所认识的都是自己。不论是成功还是失败，都应坚持辩证的观点，既不忽视自己的长处和优点，也要认清自己的短处与不足。

第三节　留出独立思考的空间——睡眠效应

睡眠效应的含义

睡眠效应，是指在信源可信性的情况下，其传播效果会随着时间的推移而逐渐地发生改变的现象。也就是说，在传播活动结束一段时间以后，高可信度的信源所带来的正面影响就会下降，而低可信度的信源所带来的负面影响却朝着正效果进行转化。有些人也称此现象为信息振幅效果定理。睡眠效应是指在态度改变的过程中，说服效果随着时间的推移不降低反而提高的一种现象。

“睡眠效应”可以让坏印象随着时间的流逝而逐渐消逝。比如谈判双方陷入僵局，合作关系即将破裂的情况下，提出“先吃午饭，等吃完后再做决定吧”，让双方有一段冷静的思考时间。等到重新谈判的时候，进展就会变得异常顺利。当谈判达到高潮时或刚刚进行劝说后，需要给予对方一段思考的时间，这样就会收到良好的效果。因为劝说者与劝说内容的暂时分离会增加信息的可信度，使对方做出冷静的判断。反过来说，起初认为“没有什么好处”的坏印象也可能会随着时间的流逝而消失，继而产生好印象。

男孩子小强突然对相识不久的女孩小红表白：“我很喜欢你”“我非常爱你”“你太漂亮了”……小红的反应会怎样？

很多女孩子会像小红一样反应得十分局促—“他会不会对任何人都说这样的话？”“这么快就说这样的话，太轻浮了！”小红的反应很正常，可是，她会一直这样坚持自己的这个立场吗？

也不一定。随着时间的推移，“可信度低”会被遗忘，“谁说的”“怎么说的”“在哪里说的”等因素都会被遗忘，留在小红记忆里的是“我喜欢你”“你太美了”等这些核心的话语。这些记忆会带来单纯的喜悦和愉快。

当小红再一次被男友小强称赞并且表白时，她就会想起“他以前也是这么说的”，此刻，她想到的不是“这个人说的话还是不可靠”，而是“上次夸得我美滋滋的人就是他啊！”这样一来，小强给小红的好印象就像滚雪球一样越来越大。

利用语言心理的“睡眠效应”，就是反复夸奖，反复赞美。当然，这里不是鼓励人们争相去有恃无恐地阿谀奉承，而是希望大家也能够学会“睡眠效应”，不要因为担心对方产生误会，就将赞美之词压抑在心底。即便你的言语很幼稚，词不达意，也要勇敢地向对方表达出来。任何语言和情感，只要能够深入对方的心里，时间是会消除掉它周围的杂质，慢慢显露出来的是一颗美丽的钻石，将你的好感对对方说出来，真情最终可以打动对方的心。

在人际交往的过程中，倘若你因为一次失误而给对方留下了不良的印象，并不能说明你的形象再也无法挽回，你不需要为那一次失误去申辩，只要以后好好地表现，在接触了一段时间以后，你曾经留给对方的不良的印象便会有所改观。

每个人都会有自己的想法和立场，倘若双方在讨论中出现了僵局，那就不要死磕下去了，你可以建议大家先去用餐或是先去休息，留出思考的空间，然后再做决定，目的就是给双方一段冷静思考的时间。在重新讨论原来的问题时，情形会相对好很多。

转变的苏菲

想象一下这一连串事件：在苏菲居住的地区中，当地有线电视公司正和某一体育电视网就合同争端问题进行磋商，该体育电视网的播出内容几乎涵盖了当地篮球队、曲棍球队的所有比赛。有线电视台希望体育电视网提供“有偿服务”，只向那些支付了额外费用的用户提供服务；而体育电视网则坚持自己是“基本服务”的一部分——所有用户都有机会收看他们的节目。

在这一事件中，双方都有支持和反对者。而苏菲则认为有线电视台是坏家伙，因为它在沟通的期间完全拒绝转播体育电视网的节目，苏菲没有办法看到她喜爱球队的比赛。

有一天，当苏菲在换台的时候，突然看到了一个商人模样、风度翩翩的男士正在解释为什么体育电视网应该是一个付费的服务。对苏菲而言，他的言论很独特，非常在理，给她留下了深刻的印象。

后来，苏菲得知：这个在电视上讲话的男人是有线电视公司那个令人讨厌的总裁。苏菲沉思："哼，原来是那个家伙。我原本以为他的见解很有道理，但显然他并不值得信赖，我要多考虑一下他所说的话。我是不会为他的有线电视服务付费的！"

几周后的某一天，苏菲与一个朋友讨论关于有线电视付费的问题。当朋友（一个狂热的篮球迷）为体育电视网的立场辩护时，苏菲立刻打断了他，并给出了自己的理由，而这些理由正是那天有线电视网总裁在电视上给出的理由。苏菲说她不喜欢有线电视台，但是她相信体育电视网应该是付费的服务。有趣的是，苏菲并没有意识到，她给出的意见源于她并不喜欢的信息源。她成为敌方的支持者。

从心理学的角度上来看，这正是"睡眠效应"。心理学家认为，在沟通的过程中，对信息反馈的态度和认知反应是分开储存的。睡眠效应有一个重要的条件：信息必须被仔细分析过。就如上例中，电视上那位男士的说法让苏菲印象深刻，这是睡眠效应产生的前提。这样就导致了那位男士传达给苏菲的信息比"那位男士是有线电视网总裁"这条折扣线索更加难忘；倘若没有那条折扣线索，信息已经具有了说服性。另外，倘若折扣线索先于信息呈现，就不会发生睡眠效应。倘若苏菲一开始就知道电视上男士的身份，她内心的怀疑会针对信息产生消极的认知反应，结果就是她对信息的态度和认知反应在抗拒信息的立场上达成了一致。所以，要产生睡眠效应，折扣信息必须发生在信息之后呈现。

白居易有一句诗说："试玉要烧三日满，辨才须待七年期。"生动形象地指出了对人的观察通常需要经过一段较长时间的实践考验，才能判断出是非对错，才能够得出可靠的结论。的确如此，时间可以改变一

切，同时也可以美化一切，它把这种美化功能赋予了睡眠效应。只要掌握了睡眠效应的作用，消除你和陌生人之间的障碍就不再成为问题。最后，睡眠效应还可以帮助我们进行自我管理。例如，你对某个人、某件事感到非常气愤，不要立即就发脾气，告诫自己先冷静思考一下，把发脾气的时间推到明天吧，或许还没有到明天，你就已经有了比发脾气更能解决问题的方法，或者明天你已经认为没有发脾气的必要了。对此，美国前总统杰弗逊曾指出："生气时，开口前先数到10，如果非常愤怒，那就先让自己数到1000。"其目的就是要控制自己的情绪，尽量让自己的怒火平息，因为愤怒是魔鬼，它给双方带来的都是损害，丝毫不能解决问题。

第四节　怕什么来什么——飞镖效应

在社会心理当中，人们将行为反应的结果与预期目标完全相反的现象，称为"飞去来器效应"，即"飞镖效应"。这就好像用力将飞去来器朝着一个方向抛去，结果它却向着相反的方向飞去了。飞去来器为澳洲土著使用的一种抛出去又会重新回来的武器。此处比喻情绪逆反的心理现象，是由原苏联心理学家纳季控什维制首先提出的。

每个受众都有着自己的情感和价值取向，他们已不再是单纯的接受者了，他们会自动对信息进行筛选、鉴别。所以，媒体对于典型人物的报道都是特别注意以人为本，真实地反映典型人物的精神世界，尽量避免飞镖效应的产生。

在日常的生活中，"飞镖效应"屡见不鲜。曾经读过有一位法国作家写的寓言，说的是北风和南风比威力，看谁能将行人身上的大衣脱掉。北风铆足了劲儿，寒风呼啸，结果行人为了抵御北风的侵袭，将大衣裹得更紧了。最后北风累得上气不接下气，还是没能将行人的大衣吹掉。接着南风开始徐徐吹动，顿时风和日丽，到处暖洋洋的，行人纷纷解开纽扣，脱掉大衣。结果显然是南风获得了胜利。

有位上高中的女生，非常害羞，一天到晚总是担心自己会做错什么事情而遭到别人的嘲笑。有一天，前排的一位男生问了她一道题，她回答以后就开始坐立不安起来。她心想：“别人会不会误会我和他有什么了……”这样一想，她的心一下子就慌起来了，顿时脸也变得通红了。当她一觉察到自己脸变红的时候，心里马上又想，“这不是更让人怀疑我和他之间的关系吗？”于是心里就更慌、脸也更红了。“脸红癖”从此就和她结下了不解之缘。实际上，她的脸红产生于老怕人有“看法”和“想法”，而她克服脸红的强烈心理动机也是怕人有“看法”和“想法”，她的脸红不能因此克服了。

飞镖效应产生的原因

“飞镖效应”产生的根本原因，在于当事人在思考问题的时候犯了简单、片面化的错误。这里面有的是因为过分地将注意力集中在了要达到的目标上，完全忽略了做事手段的择优选取，弄得方法和目标不配套，所以才引发了一系列的连锁反应。

事实上，很多心理问题严重化的过程正是“飞镖效应”发生作用的过程。当事人在不明确自己的问题产生的原因的时候，为了战胜心理障碍所做的种种努力，其实是在“巩固加强”他们的问题。

所以，适当的自我监督对一个人的健康成长是十分必要的。当我们发现自己的行为举措与自己的目标发生冲突时，应当静下心来反思一下自己是否落入飞镖效应的消极圈套中，自己的种种努力、方向是否对头，措施是否得当。一旦发现了问题，及时予以纠正。做到了这些，飞镖效应就无法干扰我们的生活。所以，那些有心理病症的朋友，当你们正在与自己的心理问题做斗争的时候，应仔细反思一下：自己所做的种种努力是否方向对头，会不会产生“飞镖效应”。

飞镖效应的启示

飞镖效应给人们的启示是：在与人沟通和合作的过程中，尤其要注意讲究方式和方法，避免适得其反、事倍功半。北风和南风都想要行人脱掉大衣，但由于方法不一样，结果就截然不同。特别是针对青少年，他们的自我意识逐渐增强，要求独立的愿望也日趋强烈，家长和教师要适当地进行疏通，避开其逆反心理；同时他们的思维能力也在不断地得到提高，通过进行平等的、良好的沟通，多数可以达到很好的教育结果。

“事与愿违”是飞镖效应最基本的特征，在我们的学习、工作与生活当中，碰到某个行为举措产生的后果与预期目的完全相反的现象，都属于飞镖效应的具体表现。

人们常说：“人生不如意十之八九。”由此可见，对很多的事情感到满意的人很少。而这在“不满意”的人看来，恰当的总结或是归纳起来可简略成四个字，即事与愿违。

论事，谁都希望办得出彩一些；论人，事有大小、变幻莫测。所以，愿望并不等于“成功”，一不留神就会违背本意，原先的“愿望”也就没有了意义，所做的事情也难免会脱离正常的轨道。这或许可以解释成事与愿违的由来，倘若详细地分析起来，每个人的心中要想做事，还希望能成，结果却办不到，这才是事与愿违。

第五节　墨守成规的代价
——毛毛虫效应

突破创新的郑板桥

清朝扬州“八怪”之一的郑板桥自幼酷爱书法，古代著名的书法家的各种书体他都精心地去临摹，经过一番苦练后，终于能和前人写得几乎不差毫厘，足够乱真了。可是，大家对他的字并不怎么欣赏。他自己也很纳闷，于是他比以前学得更加勤奋，练习得也更加刻苦了。但是，不论他怎么努力，人们对他的评价始终不高，有的人甚至认为照这样下去，他这辈子都不可能在书法上有什么大的成就。这可急坏了一心要在书法上成就自己的郑板桥。

在一个盛夏的夜晚，他和妻子坐在外面乘凉，他用手指在自己的大腿上写起字来，写着写着，就写到他妻子的身上去了。他妻子很是生气地将他的手推到一边说：“你有你的身体，我有我的身体，为什么不写在你自己的身体上，却要写在别人的身体上？”

郑板桥猛然地从这句话中得到了启发：各人有各人的身体，写

字也各有各的字体，本来就不一样。为什么老是学着别人的字体，而不尝试着写自己的字体呢？这样一味地模仿人家，即便学得和别人一样，也不过是别人的字体，没有自己的风格，又有什么意思？

此后，他取各家之长，学会融会贯通，以隶书与篆、草、行、楷相杂，用作画的方法写字，终于形成了雅俗共赏的“六分半书”，这也就是人们常说的“乱石铺街体”，成了清代享有盛誉的著名的书画家。

处于临摹阶段的郑板桥，就是因为他将全部的精力都集中在了摹仿之上，所以尽管他的模仿已经“一模一样，可以以假乱真”，但是，直到他从妻子的话中得到启发，开始突破了自己的思维定式，让他博采各家之所长，学会了融会贯通，以隶书与篆、草、行、楷相杂，用作画的技法写字，终于形成了雅俗共赏的“六分半书”，才成为清代的大书法家，得到了大家的充分肯定。分析一下郑板桥的书法成功之道，就可以发现，他前期的建树不佳就是因为他的墨守成规与盲目，将先人的固定的经验当成了一成不变的东西进行模仿，这样做的结果只是白白浪费许多精力与财力。

法国物理学家约翰·法伯曾经做过一项著名的实验，称之为“毛毛虫实验”：将很多只毛毛虫放在一个花盆的边缘上，让其首尾相接围成一圈，在花盆周围不远的地方，撒了一些毛毛虫喜欢吃的松叶。毛毛虫开始一个跟着一个，绕着花盆的边缘一圈一圈地爬着，一个小时过去了，一天过去了，又一天过去了，这些毛毛虫还是夜以继日地围绕着花盆的边缘在转圈，结果一连爬了七天七夜，它们最终因为饥饿和精疲力竭而相继死去了。

约翰在做这个实验前就曾经设想过：毛毛虫可能很快就厌倦了这种毫无意义的绕圈而走向它们比较爱吃的食物，遗憾的是，毛毛虫并没有这样做。最终导致这种悲剧发生的根本原因就在于毛毛虫习惯于固守原有的本能、习惯、先例和经验。毛毛虫为此付出了生命的代价，但是却没有任何的成效。实际上，倘若有一只毛毛虫能够破除尾随的习惯而转向去觅食，就可以完全避免悲剧的发生。

后来，科学家将这种喜欢盲目跟着前面的路线走的习惯称之为“跟随者”的习惯，把因为跟随而导致失败的现象称为“毛毛虫效应”。

毛毛虫的悲剧我们暂且不去评论，而毛毛虫效应在人们的生活中的影响却是经常发生而又非常值得一提的事情。在日常的生活中，人们通常会下意识地重复现成的思维模式和行为习惯，解决问题习惯于墨守成规的老套，一遇到具体的问题，平时的经验和常规的思路就不由自主地指引着我们的行为，根本不会从另一个方面、另一个角度去思考这方面的问题。这种思考的惰性让“毛毛虫的悲剧”不断地在人类的身上上演。生活中还有很多盲目从众的“毛毛虫”现象，日本大地震过后，人们害怕核辐射把中国的海水污染，担心我们日常所需要的盐也会因此受到辐射的影响，继而引发了一场“抢盐”行动，很多超市的盐几乎全部被卖空，后来才得知，中国的食用盐大多数都是矿物盐，并不是海水蒸发而成的。盲目从众自然不是一个好办法，唯有自己另辟蹊径，才会有所作为。

生活中我们太习惯于走别人的老路，我们固执地认为走大多数人走过的路就不会错。可是，我们不会想到的是：“走别人没有走过的路反而更容易成功。”

应当承认，原有的思路与方法具有相对的成熟性与稳定性，是客观存在的。我们在日常工作、生活中之所以会受到毛毛虫效应的影响，是

因为我们习惯了用固定的思维去应对发展的社会。事物是不断变化的，生活中的问题是千变万化的，倘若我们用僵化的思维与老套的方法去面对每一个鲜活的人与事，是与“与时俱进”“与时代同步”的社会最基本的生存法则相背离，其结果只能因为我们的落伍而逐渐被淘汰出局，不论是工作或是生活，无一例外。

报纸上曾报道过这样一则新闻：有一年，某苹果生产市产业协会发布当年苹果供大于求的业情通报。正当很多果农都因此而愁眉不展的时候，有一个果农则运用雕空套字的方法，在苹果上印上“福”“喜”“吉祥”“平安”等祝福的话语，结果他的苹果一上市就被抢购一空，而且价钱还翻了好几番。这是一个令人眼睛一亮的创意之举。大家都知道套了纸袋的苹果，只要在纸袋上剪出某个空心字，字就可以通过光合作用轻而易举地印在苹果上面。但是，除了那个果农之外，大家都没有这样做。

结果可想而知，当然是会动脑筋、想办法的人成功了，墨守成规的人失败了。所以，要想让自己在工作、生活上立于不败之地，我们就应当敢于冲破长期以来被僵化的思维模式，不断地开拓创新。用新的思想来指引我们的思路转变，让自己在生活中学会独立思考，用“人无我有、人有我优”的市场法则对自己的思维方式进行一次彻底的变革。这样，我们的工作和生活都会充满成功与快乐。

“做人做事不要轻易就被成规束缚了。”美国的两位饮料界巨人——可口可乐与百事可乐，从1902年百事问世以来，彼此竞争了86年。因为可口可乐比百事可乐先上市了13年。所以，百事可乐几十年来一直处于被动挨打的地位。到了50年代，可口可乐仍以二比一的优势遥遥领先于百事可乐，可是，到了80年代，双方的差距就明显缩小了，可以说是旗鼓相当，彼此厮杀得非常激烈。

在这个短兵相接的市场争夺战里，美国百事可乐现任的总裁罗杰·恩可总是拿“两个和尚过河”的故事来勉励自己。

绝不墨守成规：两个和尚过河的故事

有两个和尚决定从一座庙走到另一座庙，他们走了一段路之后，遇到了一条河，由于暴风骤雨，可以走路的桥被河水冲走了，但是河水已经退了，他们知道可以涉水而过。

这时，一位漂亮的妇人刚好走到河边。她说有急事必须过河，可是，她害怕被河水冲走。

第一个和尚立刻背起妇人，涉水过河，将她安全送到对岸。第二个和尚接着也顺利渡河。

两个和尚默不作声地走了好几里路。

第二个和尚突然对第一个和尚说：“我们和尚是绝对不能近女色的，刚才你为何犯戒背那妇人过河呢？”

第一个和尚淡淡地回答：“我在好几里路之前就将她放下来了，可是我看你到现在还背着她呢！”恩可在他所写的《百事称王》一书中不断地告诫自己，要学习第一个和尚勇于任事的行为，而不要像第二个和尚，那么轻易就被一个成规束缚住了。

美国首富保罗·盖帝说：“墨守成规乃致富的绊脚石。真正成功的

商人，本质上流着叛逆的血。”

人生之路遥远而迷茫，前方是未知的，唯有不断地探索尝试，踏出第一步，我们才有成功的机会；唯有勇于尝试，坚持不懈，才能有成功的一天。

莎翁曾说过：“本来无望的事，大胆地尝试，往往能成功。”的确，我们只有不断地去探索和尝试，冲破束缚，才能让无可救药的事起死回生。

很多人都想追求成功，即便他们有能力成功，可是，他们墨守成规，不敢尝试，所以只能与成功擦肩而过。契科夫说：“路是人的脚步走成的，为了多辟几条路，必须多向没有人的地方走去。”一句“算了吧”就将到手的成功机会拒之门外，我们每天都梦想着成功，可是当机遇真正来临的时候，却不敢去尝试。只有对失败的顾虑，以至失去成功的机会。成功，是需要胆识的，要敢于尝试！

但丁曾说过：“走自己的路让别人说去吧！”还有人说：“人生是一个圆，绝大部分的人都以世俗为衡量的基准，从圆上找到了自己的人生起点，并沿着圆圈墨守成规地走下去，不折不扣、不拐不绕，一直走到了生命的尽头。”但是，很少有人敢去超越世俗，跨越圆圈，收获更多的果实。

第3章

生活和谐的心理呵护

记录下自己的点点滴滴，当有一天回头不经意看到这些经历的时候，我希望除了快乐还会有感动。深呼吸，给自己一个鼓励。真实是一切价值的根基。人生不能仅把眼光放在浮华和虚荣上，我们还应该有更高的目标。当你恢复了自信，带着青春的朝气，带着对生活的热爱去学习、去生活时，那种从内心焕发出的光彩会让你整个人看上去更美丽。

第一节 未上锁的门——信任

信任是情感的基石

倘若说信任是夫妻之间爱情的基础，那么猜疑就是爱情的蛀虫。倘若丈夫或是妻子因为对方与异性交往而无端产生猜疑，甚至发展到监视对方的做法，对夫妻感情和家庭稳定都是百害而无一利的。

猜忌是人性的弱点之一，历来就是害人害己的祸根，是卑鄙灵魂的伙伴。有句俗话说得好：“猜疑把你和我都变成了蠢驴。”可是，我们还是经常推敲别人的思想和行为。夫妻之间要充分信任对方，不可乱猜疑。外国有句俗话说得恰如其分，“疑来爱则去”，深刻地揭露了猜疑的危害。著名的文学巨匠莎士比亚在其名著《奥赛罗》中就叙述了类似的一个悲剧。

国王的女儿苔丝德蒙娜因为冲破家庭和社会的阻挠，同奥赛罗这样一个出生卑贱、皮肤黝黑的将军结了婚。婚后的生活过得十分美满幸福。但不幸的是，奥赛罗部下的一个军官尼亚古出于卑鄙自私的目的，到处造谣生事，制造误会，挑拨他们的夫妻感情，让奥赛罗对忠诚纯洁的妻子产生了猜疑之心。在一个漆黑的夜晚，竟然用被子把苔丝德蒙娜活活闷死了。后来，奥赛罗知道了事情的真相，追悔莫及，自刎于妻子的脚下。

在现实的生活中，我们的身边经常在上演着类似的家庭悲剧，应该足以让我们警醒。夫妻两个人并不是时时刻刻生活在一起的，各人也有各人的心事和社会活动，如何增强感情，除了互相进行感情交流，增加了解之外，就是打下互相信任的基础。轻易怀疑对方，势必会造成夫妻之间的隔阂，最终导致感情破裂。

猜疑是夫妻关系的大敌，是感情破裂的一大隐患。生活中遇到猜忌的事，不宜过早下结论，要客观、理智地去分析，才能够了解真相。古人有云："人之相知，贵在知心。"夫妻之间更需加强了解以求心意相通，杜绝猜疑的发生。

夫妻间的感情一定要建立在相互信任、相互尊重、相互了解的基础上，而猜疑恰恰违背了这些原则，它是夫妻真挚情感的杀手。婚姻中假如有了猜疑，悲剧就会发生。所以在生活中，夫妻双方要做到忠贞专一，相互信任，共同对家庭负责，彼此忠诚。这样，不论遇到什么样的风浪，爱的小巢也会坚如磐石，渡过危机，永葆爱情的青春。

信任感的缺失很大程度上是源于缺乏安全感。信任感的源泉就是你的自信。一个对自己都不自信的人是很难去相信自己的伴侣的，于是就对婚姻充满了不安全感和不信任感。与其浪费时间去猜忌对方，还不如加强自我修炼，增加自信，相信自己足够富有魅力、有价值。自信的你一定能够找到足够多对方爱你的理由，也更容易建立彼此的信任感。

倘若说相信是建立信任感的基础，猜疑就是破坏夫妻信任感的头号公敌。既然选择对方作为伴侣，就应该给对方建立起最起码的信任。总是为了鸡毛蒜皮的小事互相质疑对方，只会让对方害怕你的咄咄逼人和

猜疑，只想躲开你的追问。倘若你不想面对一个冷冰冰的伴侣，还是收起自己的怀疑吧，善于相信他人的人会比较幸福。

爱需要信任

信任源于爱的碰撞，一种来自于灵魂深处的相互默契。爱和信任是分不开的，信任是爱的基石。两个人在一起，最重要的就是要忠诚与信任，彼此要互相扶持，互相帮助，互相信任，互相体谅，理解宽容，珍惜拥有。罗密欧与朱丽叶的故事，一般人把他们的爱情看成完美的爱情，很多人都希望自己能成为他们。实际上，他们的爱情悲剧源自彼此之间缺少信任。人唯有健康快乐地活着才能拥有真正的爱情。爱情是需要信任对方的，唯有相信自己所爱的人，才会得到真正的爱。爱不是靠嘴说出来的，而是要用实际行动去表达。

美国哲人戴维·威斯格说："信任是一种有生命的感觉，信任也是一种高尚的情感，信任更是一种连接人与人之间的纽带。你有义务去信任另一个人，除非你能证实那个人不值得你信任；你也有权受到另一个人的信任，除非你已被证实不值得那个人信任。"

春秋时齐人管仲和鲍叔牙相知最深，后人常用他们的故事来比喻交情深厚的朋友。《列子·力命》有云："生我者父母，知我者鲍叔也。"

管仲和鲍叔牙是一对非常要好的朋友，鲍叔牙的仆人多次在鲍叔牙面前指责管仲，说管仲的不是，可是，鲍叔牙还是会很耐心地解释，为管仲开脱。后来，因为管仲得罪了齐王，齐王要杀管仲，还是鲍叔牙在齐王面前费尽口舌，力保管仲，以至于最后齐王不但没有杀管仲，还让管仲和鲍叔牙一起治理齐国，于是，齐国很快就变得富足了起来。管仲和鲍叔牙之间的互相信赖、真诚相待千百年来一直被人们传颂。其实无论是现实生活还是网络，人与人相处最关键的应该是相互间的信任和理解，彼此应该用一颗真诚的心来交流，要不断地为自己创造一个良好的心态，夫妻间更应该如此。

信任是我们现代文明社会所提倡的一种社会美德。在家庭生活当中，夫妻之间的相互信任是忠诚维系双方感情的纽带，更是维持婚姻稳定的重要因素。唯有彼此以心换心，完全信任对方，才能保持夫妻感情的历久弥新，做到相敬如宾、沟通无界限的至高境界。信任是无坚不摧的武器，可以为你的幸福打下坚实的基础。一个家庭倘若没有了信任，就像是没有了楼房的骨架，即将面临坍塌。珍惜你已有的夫妻之间的信任，你也同样会拥有幸福。

爱情是神圣的，爱是一种感受，即便痛苦，也会觉得幸福；爱是一种体验，即便心碎，也会觉得甜蜜；爱是一种经历，即便破碎，也会觉得美丽……要相信对方，无端猜疑只会让爱在慢慢地猜疑中消耗，还有什么可以交心的呢？要互相包容理解，换位思考，也许自己也是一样的选择，相互包容就能和睦共处。夫妻之间一定要以信任与理解作为基石，要给予对方充分的时间与空间。夫妻之间，彼此应该是低耗氧量的，多些支持与关爱，少些猜忌与抱怨。郑板桥曾说过“难得糊涂”，什么也别想得太透彻、太明白、太计较，人生还是糊涂一点好。人就这一辈子，信任、包容和理解是不可或缺的。我们需要理解我们的爱人，每个人都有自己的过去，既然爱，就要坦然地接受，不但要包容和理解，还要支持爱人和身边人做自己喜欢的事情。爱是一种淡淡的感动，为晚归的爱人留下一盏灯，爱人快乐，自己也会快乐。简单就是快乐。

夫妻间的感情一定要建立在相互信任、相互尊重、相互了解的基础

上，而猜疑恰恰是违背了这些原则，它是夫妻真挚情感的杀手。婚姻中假如有了猜疑，悲剧就会产生。所以信任是维系夫妻间的感情的纽带，唯有彼此尊重对方，相信对方的人格，包容对方的一切缺陷，将对方的命运真正与你的命运相联结，才能获得完全的信任。也只有完全信任对方，家庭才能稳定，幸福才会随之而来。

人生如诗如画，虽然我们无法阻止岁月的脚步，可是，我们可以用平淡的心装扮出自己的温馨，充实自己的生活。当你拥有美好的情感时，你就会觉得生活充满了阳光，你就会觉得生命是那么的美好，就不会觉得疲惫。那我们干嘛不让自己活得轻松、潇洒一点呢？鸟儿飞得再高，依然需要宽阔的天空；鱼儿游得再快，依然需要辽阔的海洋；花儿开得再香艳，依然需要绿叶的衬托；小草绿得再浓郁，依然需要充足的阳光……感情的加深，需要互相的信任。信任的程度，取决于互相的理解与包容，理解是生命对生命的尊重和肯定。爱，意味着信任、包容与理解。祝真心相爱的人们幸福永恒！

第二节　赤脚为你开门的人——坦诚

记录下自己的点点滴滴，当有一天回头不经意看到这些经历的时候，希望每个人除了快乐还会有感动。深呼吸，给自己一个鼓励。真实是一切价值的根基。人生不能仅把眼光放在浮华和虚荣上，我们还应该有更高的目标。当你恢复了自信，带着青春的朝气，带着对生活的热爱去学习、去生活时，那种从内心焕发出的光彩会让你整个人看上去更美丽。

人无论做什么事情，首先就是要坦诚，那么即使最后失败了，我们也不会后悔的。

因为坦诚，所以惊艳

从前有一位明智而受人爱戴的皇帝，将国家治理得繁荣昌盛，人民能够安居乐业。

皇帝的年纪逐渐大了，苦于膝下并无子女，这件事让皇帝非常伤心。最终他决定，在全国范围内挑选一个孩子作为他的干儿子，培养成自己未来的接班人。

皇帝选干儿子的标准很特别，给孩子们每个人发一些花种子，宣布倘若谁能够用这些种子培育出最美丽的花朵，那么谁就有可能成为他的干儿子。孩子们领回种子后精心培育，从早到晚，浇水、施肥、松土，谁都希望自己能够成为幸运者。

有个叫雄日的孩子，他整天精心地培育花种。可是，十天过去了，半个月过去了，一个月过去了，花盆里的种子连芽都没有冒出来，更别说是开花了。

难过的雄日去请教母亲，母亲建议他把土换一换，可是依然无用，母子两个都束手无策。

日子就这样一天天过去了，雄日的种子最终也没有开出美丽的花朵。雄日伤心地对母亲说："我该怎么办呢？难道要抱着一个空的花盆去吗？"母亲语重心长地对他说："孩子，人无论做什么事情，首先就是要坦诚。那么即使最后失败了，我们也不会后悔的。"雄日听了，认真地点了点头。

皇帝决定赏花的日子到了。无数个穿着漂亮衣裳的孩子涌上街

头，他们各自捧着盛开着鲜花的花盆，用期盼的目光看着缓缓巡视的皇帝。皇帝环视着争奇斗艳的花朵和精神漂亮的孩子们，并没有如大家想象中的那样高兴。

忽然，皇帝看见了端着空花盆的雄日。他无精打采地站在那里，眼角还有泪花。皇帝把他叫到跟前，问他：“你为什么端着空花盆呢？”

雄日心里非常难过。他将自己如何精心种植，可是，花怎么也不发芽的经过说了一遍。还说，他想这应该是报应，因为他在别人的花园中偷过一个苹果吃。等雄日把话说完后，没想到皇帝的脸上却露出了最欣慰的笑容。他将雄日抱了起来，高声说：“孩子，我找的就是你！”

“为什么是这样？”大家疑惑不解地问皇帝。皇帝说：“我发下的花种全部都是煮过的，根本就不可能发芽开花的。”雄日听了这话，也高兴地笑起来。

捧着鲜花的孩子们都低下了头，在他们的心里，也许又播下了另一颗种子。

坦诚的力量也许是我们无法想象的。播下坦诚的种子，收获人生的硕果。坦诚是人类的美德，是需要传承的美德。唯有坦诚的种子才能够在大地上生根、发芽、开花，我们的世界才会变得更加美好。

坚持信念的杰克

很久以前，加州有个不幸的小男孩名字叫杰克·旦南，在他5

岁的时候，父母就已经相继去世了，他成了一个无依无靠的孤儿。

一个伪善的歌厅老总觉得收留杰克是一件非常划算的事情：既多了一名童工，又留下了积德行善的好名声。于是，他将杰克领回了家里，让他在店里干活。

杰克非常感激老总，在他的心里已经认定他是自己的爸爸、妈妈，虽然他每天要干很多活儿，但只要有点吃的他就很满足了。

转眼几年过去了，杰克已经长成了一个懂事的少年，他勤劳善良，待人诚恳，非常受大家的欢迎。有一天晚上，杰克干活干到很晚，刚刚睡下，就被一阵吵闹声惊醒了。他不知道发生了什么事情，连忙起床了。走到外面的房间，他看见了一幕可怕的情景，便不由自主地大叫起来：“天啊！你们在干什么？”

原来，歌厅老总和老板娘杀死了一个人，正打算拖出去埋掉。死者是一个有钱的商人，身上带了很多钱，晚上在歌厅喝酒，醉得不省人事，歌厅老总财迷心窍，心生歹念，便杀死了商人。

杰克吓坏了，连忙跑进自己的房间藏了起来。第二天一早，老总进来对他说：“假如今天警察来查问这件事，你一定要说商人喝醉酒打人，我是自卫，把凳子扔过去，不小心把他打死的。”杰克望着凶神恶煞的老总，胆怯地说：“可是，爸爸，事情不是这样的。我不能说谎。”

老总气急败坏地将杰克捆了起来，吊在房梁上，用鞭子狠狠地抽打他，并威胁他说：“倘若不按照我的话去说，就要打死你。”杰克仍然不肯答应，最后被老总活活地打死了。老总的罪行终于暴露了，在法庭上他不得不讲出了事情的真相。

杰克小小的年纪，到死都不肯说谎，他的事迹深深地感动了人们。为了纪念这个勇敢、坦诚的孩子，政府为他建造了纪念碑，碑上写着："怀念为真理而屈死的人，他在天堂永生。"并把杰克死去的这一天定为坦诚节，以此来纪念拥有坦诚美德的人们。

在历史的长河中，有多少人能够留下自己的名字而永垂不朽？杰克只是一个平凡的少年，却因为自己的坦诚而永远被人们怀念。

第三节 温和从容，岁月静好——包容

对方的感受不可忽略

夫妻之间需要及时地沟通，更需要倾听。当你在倾诉的时候，却发现无人在倾听，这种痛苦无疑是种很大的打击。懂得倾听的人才能获得别人的尊重。每个人在烦恼和喜悦后都有一份渴望，那就是对人倾诉，都希望倾听者能够给予理解与赞同。

倾听不是被动地接受，而是一种主动的行为。当你感觉到对方正在无的放矢说话的时候，可以用机智的提问来把话题引回到主题上来。倾听者不是机械地"竖起耳朵"，在听的过程中要学会灵活应对，不但要跟上倾诉者的故事、思想内涵，还要跟得上对方的情感深度，在适当的时机提问、解释，使得会谈能够步步深入下去。

倾听，是一个渴望成功的人必须要掌握的技巧。当然，掌握倾听的艺术并不难，只要克服心中的障碍，从小事中做起，肯定能够获得成功。夫妻之间尤其要注重倾听技巧的修炼，因为家是他们真正放松的地方，不论是高兴的事情，还是在工作中遇到的麻烦事情，他们都希望在最亲近的人面前一吐为快。

当然，这种一吐为快的情况更应该看准时机。一般人只顾自己此时此刻的情绪，非要一吐为快，却忽视了听者现在是否听得进自己所说的话。当一个人烦躁疲惫的时候，将不再有余力去倾听和关注诉说者的诉说，反过来，也会让说话者因不受重视而心生挫折感。所以，沟通意见或是讨论事情，最好选择在双方心平气和的情况下，这样才能产生良好的结果。

切勿家丑外扬

不要同邻人或是亲友讨论你的婚姻问题，因为你不可能去找个木匠来拔你的牙。家丑不可外扬，毕竟人言可畏。家中的是是非非本来就是说不清的事情，如果再加上外界的以讹传讹，自尊心势必会彻底崩溃。

人们都喜欢关起门来谈事，目的就是为了阻止家丑外扬。谁都不想让自己的私事被其他人知道。原本很简单的事情，可是到了别人的耳朵里再从嘴里说出来，没准就会发生天翻地覆的变化。聪明的女人会学着守口如瓶，因为谁也不会喜欢做成天说别人家长里短的长舌妇。本来将听到的事情说出去就已经很不明智了，倘若再把自己家的事也说出去，那可就是愚蠢了。

要想避免夫妻之间的摩擦发生，避免不快之事，就要学会包容对方，

多点儿沟通。在发生争执的时候，千万要避开过激的言语和举动，试着将问题进行冷处理，等双方都心平气和的时候，再慢慢地进行沟通。不要擅自做主，凡事要多商量。不管多大的事情，都要和对方商量过了再做，让对方感觉到自己的重要性，从而增加他对这个家的责任感。少吩咐，多动手。当你要求对方做某件事，对方却无动于衷，故意不理睬的时候，千万别发火。自己动手去做，做完了再和对方理论。这样，你们的夫妻关系就会非常的融合，就不会出现心中有埋怨而家丑外扬的事情了。

人都渴望对人倾诉。夫妻间应该少些争吵，多些交流，在尊重中增进夫妻感情。

放下就是快乐

平淡，这就是生活。现在拥有的才是最好的，流星虽然美丽，可那只是一瞬间的绽放，月亮的光辉才是永恒的。切勿活在往事的阴霾当中。

生活是靠两个人去精心维护的，夫妻本是同林鸟，幸福或是悲伤都是共同的。所以，夫妻之间更应该学会用心去经营自己的婚姻，这样才能够“执子之手，与子偕老”，这样生活就不再像童话故事那般遥远了。

小夏在搬家的时候偶然间发现了丈夫过去的一本日记，了解到丈夫和以前恋人之间的一些事情，从此以后，她便每天审问丈夫这是怎么回事，而且她自己还将日记反复看了许多遍，熟记在心，无论走到哪里，都会回想起丈夫过去是否和别人来过这里，做了什么，等等。这令她感到痛苦，整夜整夜睡不着觉，白天也无心工作。他们的孩子都上小学了，小夏不想和丈夫离婚，但也不能原谅丈夫，就这样互相折磨，让丈夫也痛苦万分。

每个人都有属于自己的感情世界，这是谁都无法抹杀的事实。所以，不论你面对的是自己的过去，还是对方的过去，都应该以一种理性的方式去解决它，而不是把它变成自己生活的负担。一味地抓住过去不放不但会给自己带来伤害，同时也会给对方带来不必要的痛苦，最终将会导致两个人的感情出现裂痕。所以，不要活在彼此过去的阴影中。走出痛苦的阴霾，面对现在的美好生活。

家庭中需要更多的忍让

什么是忍？《说文解字》解释为："忍，能也。"忍，确实是有能力、有雅量、有修养的表现，它是积极的、主动的、高姿态的。倘若每个人都知晓这个道理，何愁家庭不和谐幸福？

有一个老翁，有子媳各三，一家人相处得非常融洽。一日闲聊的时候，老翁谈起与媳妇之间的相处之道。他举例说，一次大媳妇煮点心，先盛一碗给他，并半征询半内疚地道："刚才我好像放多了盐，不知道您会不会觉得咸了点？"他吃了一口后，随即答道："不会！不会！恰到好处呢！"此后的一次，三媳妇煮点心时也给他送去一碗，说："我一向吃得较为清淡，不知您口感如何？"他喝了一口汤，忙说道："很好很好，正合我的口味。"很显然，结果自然是皆大欢喜。

忍让是通向幸福的钥匙。家庭中的矛盾、分歧很少有原则性，这时能以“忍”字为先，装些糊涂，表示谦让，矛盾也就烟消云散了。不然的话，势必会激化矛盾。实际上，或咸或淡，好吃或是难吃，并不重要，重要的是人与人相处的时候那种和谐的气氛。请看下面的故事：

李太太将满满一桌饭菜凉了又热，热了又凉，那可全都是李先生爱吃的。可是，李先生早就忘了今天是他们结婚5周年的纪念日，还迟迟在外没回来。

终于，李太太听到了钥匙的开门声，这时愤怒的李太太真想跳起来将李先生推出去。可是，李先生的全部兴奋点都集中在了今天晚上的足球赛上，那精彩的临门一脚犹如是他射进的一般，亢奋异常。李太太真想在李先生眉飞色舞的脸上打上一拳，可是，一个声音告诫她：“别这样，亲爱的，再忍耐两分钟。”两分钟以后，李太太怒气不自觉地降了很多。想着丈夫本来就是那种粗心大意的男人，况且这场球赛又是他期待已久的。她不停地这样安慰着自己，而后起身又将饭菜重新热了一遍，并斟上两杯红葡萄酒。兴奋依然的李先生惊喜地望着丰盛的饭桌：“亲爱的，这是为什么？”“因为今天是我们的结婚纪念日。”

愣了片刻的李先生立刻抱住李太太：“亲爱的，真对不起，今晚我不该去看球。”

李太太笑了，她暗自庆幸几分钟前自己压住了火气，没大发雷霆。

忍让，是家庭和谐幸福的一个不可或缺的条件。多站在别人的角度

考虑，例如，在家里谁说了几句不中听的话，你不妨想一下，他可能因为别的事心里不痛快，或是他对什么事情产生了误会，或许他天生的火爆脾气沾火就着，过后他会想到自己的不对的，或许是因为他年纪小、想事情不周全，等等。这样就理解了、宽恕了、容忍了，也就不会放到心里去。这才是真正的忍，忍了之后，自己的心里也是坦然的、宽阔的、清爽的、平静的。

一个家庭想要“家和万事兴”，家庭里的成员一定要能够相互了解、相互体谅、相互尊重、相互包容。忍让，能让家庭和睦；忍让，能让全家相安无事。虽然学会忍让不是一件容易的事情，可是，我们依然还是要忍让，因为忍让能为我们带来意想不到的收获。

第四节　改变一生的语言
——关怀备至

有一种职业最美丽，那便是教师；有一道风景最隽永，那便是师魂；有一种情感最动人，那就是师生情。“春蚕到死丝方尽，蜡炬成灰泪始干”，这是古人用来赞美教师无私奉献精神的诗句。教师是爱的传播者，“捧着一颗心来，不带半根草去”，这是教育家陶行知的真挚感言。教师的爱是一种无私奉献的爱，用一颗爱心去温暖着每一个孩子。

有人说，老师是天上最明亮的北斗星，为我们照亮了前进的方向；有人说，老师是山涧最清凉的山泉，用清香的甘露汁浇灌着我们这些小树苗；有人说，老师是茂盛的叶子，用她那强有力的身躯保护着我们这

些未来的花朵。

一句话改变学生的命运
——皮尔·保罗校长“妙手回春”

“我一看你修长的小拇指就知道，将来你一定会是纽约州的州长。”就是这一句普通的话，改变了一个学生的一生。

此话出自美国纽约大沙头诺必塔小学校长皮尔·保罗之口，话语中的“你”是指当时一名调皮捣蛋的学生罗杰·罗尔斯。

小罗尔斯出生于美国纽约声名狼藉的大沙头贫民窟，这里环境脏乱、充满暴力，是偷渡者和流浪汉的聚集地。所以，他从小就受到了不良环境的影响，读小学时经常逃学、打架、偷窃。

有一天，当他又从窗台上跳下来，伸着小手走向讲台时，校长皮尔·保罗将他逮个正着。出乎意料的是，校长不但没有批评他，反而还忠诚地说了上面的那句话并给予了语重心长的指导和鼓励。当时的罗尔斯大吃了一惊，因为在他不长的人生经历中，只有奶奶让他振作过一次，说他可以成为5吨重的小船的船长。他记下了校长的话并且坚信这是真实的。从那天开始，“纽约州州长”就像一面旗帜在他心里高高飘扬。罗尔斯的衣服不再沾满泥土，罗尔斯的语言不再肮脏难听，罗尔斯的行动不再拖沓和漫无目的。

在此后的40多年的时间里，他没有一天不按州长的身份要求自己。51岁那年，他终于成了纽约州的州长。

宽容的力量——陶行知先生的四块糖果

陶行知先生当上校长的时候，有一天看到一位男生用砖头砸向自己的同学，立刻将其制止了并叫他到校长办公室去。当陶校长回到办公室时，看见男孩已经等在那里了。陶行知随后掏出一块糖给这位同学："这是奖励你的，因为你比我先到办公室。"接着他又掏出一块糖，说，"这也是给你的，我不让你打同学，你立即住手了，说明你尊重我。"男孩半信半疑地接过第二块糖，陶先生又说道："根据我的了解，你打同学是因为他欺负女生，说明你很有正义感，我再奖励你一块糖。"这时，这个男孩感动得哭了起来，说："校长，我错了，同学再不对，我也不能采取这种方式。"陶先生于是又掏出一块糖："你已认错了，我再奖励你一块。我的糖发完了，我们的谈话也结束了。"

永不凋谢的玫瑰

在苏联的一所学校，校园的花房里绽放着美丽的玫瑰花，每天都有许多同学前来观赏，但都没有人去采摘。

有一天清晨，一个 4 岁的小朋友（就读于该校幼儿园）走进了花房，摘下了一朵最大、最漂亮的玫瑰花。当她拿着花走出花房时，迎面走来了该校的校长。

校长十分想知道这个小女孩为什么要摘花，于是便弯下腰亲切地问她："孩子，你可以告诉我你摘下的花是送给谁的吗？""送

给奶奶的。奶奶生了重病，我告诉她学校里有一朵很大的玫瑰，可是奶奶不信，所以，我这就摘下来送给她看，希望她早点好起来，等奶奶看完了之后我会把花送回来。”听完孩子的回答，校长的心被感动了。他牵着小女孩的手，从花房里又摘下了两朵大玫瑰花，说道：“这一朵是奖给你的，你是一个懂事的孩子；这一朵是送给你奶奶的，感谢她养育了你这样的好孩子。”这位校长是谁呢？他就是伟大的教育家、万世景仰的育人楷模苏霍姆林斯基。

亲吻一头猪的故事

故事发生在英国南部的一所小学里面，一位教师调任一个较差班的班主任，该班孩子大都很调皮，爱捣蛋。老师第一堂课就陪他们玩耍，玩得天昏地暗。下课的时候，老师说：“孩子们，你们要是能把学习成绩搞上去，我就去吻校外放牧场里的一头猪。”

这些调皮的孩子问：“老师，这是真的吗？”

老师说：“真的，而且我要吻的是一头你们认为最大的母猪。”孩子们非常好奇，都希望老师去吻猪。

从那天起，他们的课堂纪律好了，学习的积极性也提高了，即便有贪玩的，别的孩子也会提醒“难道你不希望看到老师去吻那头大猪吗？”

半年以后，孩子们的学习成绩有了很大的进步。在圣诞节的前夜，孩子们对老师说：“老师，你可以去吻那头猪了吗？”

老师说：“当然可以。”于是，老师带着这群孩子穿过公路，来到放牧场。孩子们在猪圈里看到一头特大特肥的猪。老师走近那头大猪，轻轻地吻了它的鼻子。孩子们在猪圈外笑得前仰后合，老师吻了猪后也和他们一样大笑了起来。

读了这些故事，我们看到的不仅仅是这些教师看似滑稽可笑的行为举止，而且还看到了这些教师平易近人的态度和师生平等的观念，看到了教育所追求的亲近自然的境界，看到了教育所拥有的和谐欢愉的氛围。

一支粉笔，三尺讲台，留下的永远是老师含辛茹苦的身影。滴滴汗水，点点心血，印刻在老师脸上的始终是满怀期待的神情。一个人一生之中最大的幸福不是过着纸醉金迷、物欲横流的生活，不是和爱人耳鬓厮磨、醉卧温柔之乡，而是遇到一个知识渊博、品行高尚的老师。

著名的“唐宋八大家”之一的韩愈在《师说》一文里曾经这样说过：“师者，所以传道授业解惑也。人非生而知之者，孰能无惑？惑而不从师，其为惑也，终不解矣。”所以说，老师是传递文明、教授知识、启迪心灵智慧的天使；老师是积德修心的典范；老师是辛勤的园丁；老师是培养教育和引领健康成长方向的领航员；老师是长知识、增才干的画龙点睛者；老师是天底下最真诚和最值得信赖的人；老师是最和蔼可亲和值得尊敬的人。

感谢老师，您让我们成为自信的、能够超过自己的人。你用事实向我们证明：学习并不是一种负担，而是一种快乐和责任，赠予我们通向未来的钥匙。您教会我们用自己的头脑和双手大胆地探索，去寻找和发现，让生活充满惊喜！

感谢老师，从不对我们冷嘲热讽，您总是殷切地关注着，即便结果是那么微不足道，您也总是让我们明白您已经看到了我们的成绩。是您让我们懂得生活能像一张纸一样轻薄，也可以像大海一样深邃，像天空

一样辽阔，而我们必须自己做出选择。您带领我们所经历的每个问题、每个发现、每种体验都令我们着迷，让我们看到了智慧在知识海洋中的闪烁。

翩翩红叶，徐徐飘散，总不忘留给土地柔软与肥沃；涓涓泉水，潺潺流淌，总不忘给予岸边甘甜与欢歌。享受师生情，奉献真诚心。让我们把握住这份难得的真情，让心灵浸润在肥沃的土壤，开出绚烂的花朵；让我们紧守住这份关爱，让生命谱写圣洁的乐曲，唱出青春的赞歌。

在坎坷的人生旅途上，是谁为我们点燃了一盏最明亮的灯；在荆棘的人生旅途中，是谁甘做引路人为我们指明前进的方向……是您，老师，将雨露洒遍大地，将幼苗呵护成长。不论记忆多么久远，每当想起某个瞬间、某件小事……总是能够激起我们对老师久蓄于心的感激，这些平凡而真切的故事，让我们备受感动，让我们沉思，让我们回忆，让我们心怀敬意和感激……

第五节　滴水之恩，涌泉相报——感恩

伟大的教育学家苏霍姆林斯基曾说过：“人的文明最精细的表现在情感里。”“羊有跪乳之恩，鸦有反哺之义。”从我们呱呱坠地的那一刻起，我们的生命就倾注了父母无尽的爱护与祝福。他们无微不至地照顾我们、呵护我们，对我们的爱渗透在生活中的点点滴滴。天长日久，以至于我们理所当然地享受这些恩泽。这世上最大的恩情，莫过于父母的养育之恩，这恩情值得我们用生命去珍爱，用真诚的心去感激，用实际行动去回报。我们的成长都离不开父母的帮助，滴水之恩当涌泉相报，

所以，我们更应该懂得感恩，懂得感谢父母。

我们中国是一个文明古国，自古讲究孝道。孔子曰：“父母之年，不可不知也。一则以喜，一则以惧。”俗话说得好：“百善孝为先。”

母亲赋予我们生命，是我们的生命之源。“母爱”是天下最伟大的“爱”。从我们一生下来起，母亲就无微不至地照顾我们、看护我们、爱护我们，只要我们有一点点的成长、一点点的进步，她就会比我们更高兴、更开心。母亲是教导我们如何为人的第一位启蒙的老师，她教会我们如何学习，如何做人。所以，我们都是受母亲的直接影响，才会有开心的今天、快乐的今天。父亲教会我们做人的道理、生存的技巧，教会我们遇事要坚强、要率真、要有毅力、要战胜困难。所以，我们今天的坚强、毅力都有父亲的影响。

舐犊情深，父母之爱，深如大海。因此，无论父母的社会地位、知识水平以及其他素养如何，他们都是我们今生最大的恩人。可是，同学们，你们是否扪心自问过我们对父母的挂念有多少？我们是否还记得父母的生日？民间有句谚语说得好：“儿生日，娘苦日。”一生当中，上天赐予我们的恩惠太多太多，需要感激的人也很多，可我们最应该感激的人，就是我们的父母。

母爱如水

世事皆有因果，没有阳光，就不会有温暖的日子；没有雨露，就不会有五谷丰登；没有水源，就不会有生命；没有父母，就不会有我们自己。这些浅显的道理我们都明白，可是，缺乏的恰恰是对感恩的认知，经常忘却要去表达，要去关怀，要去付出。有一首古诗就刻画了伟大的

母亲的形象："慈母手中线，游子身上衣。临行密密缝，意恐迟迟归。谁言寸草心，报得三春晖。"

一个年轻的母亲因为患上了白血病缠绵病榻多时，身心越来越疲惫。她知道自己的时日已经不多了，就趁着医生、护士不注意的时候拼命地为女儿编织了一件毛衣。毛衣织完藏在枕头下面，人也从此进入了半昏睡状态，后来她隐约听见护士们的议论，知道自己不出三日就会永远地离开自己的亲人，心里倒也十分平静。

第二天，突然听到了病房外有鼓乐声，问守护在病床前的丈夫，丈夫只好告诉她："再过两天就是六一儿童节了，学生们在演练。"年轻的母亲咬紧牙关说："我要活过儿童节，我不能死在6月1日。不然，每到儿童节的时候，女儿就会想起这天失去了自己的母亲，她还能高兴起来吗？"果然，这位年轻的母亲在半昏迷的状态下与死神周旋，时不时微睁开眼睛问，什么时候了？终于坚持到6月2日，她顿时松了一口气："好了，我要同你们说再见了。"说完指指枕头下，含笑而去。

实际上，世界上远不止人类有母爱。每一种生物，都有伟大的母爱。到南美洲考察的科学家在暴风雪中时常看到成千上万只企鹅，面朝着同一个方向立着。是什么原因让它们能如此整齐地朝同一个方向呢？仔细观察后，考察队员们终于发现，每一只大企鹅的前面，都有着一团毛茸茸的小东西。原来它们是一群伟大的母亲，守护着面前的孩子，因为自己的腹部太圆，无法俯身在小企鹅之上，便只好用自己的身体遮挡住刺骨的寒风。这是多么伟大的母亲之形象！

赞美是暗室中的一支蜡烛

根据气象台的天气预报，最近会有台风袭击一座海滨小城。小城里的百姓一时间变得非常恐慌，都积极地投入到防御的工作中去。一位母亲忙碌着，旁边站着她的小女儿。

“这该死的台风……”，母亲一边收拾着东西，一边恨恨地诅咒着。

“我喜欢台风。”，旁边的小女孩不同意母亲的说法。

母亲感到非常诧异，因为台风破坏力极强，损毁庄稼，吹倒房屋，造成交通阻塞，给人们生活带来了巨大的不便并造成了损失，可是，眼前这个小不点儿居然说她喜欢台风。

“孩子，告诉妈妈，你为什么喜欢台风呢？”母亲小心翼翼地问着。

“上次台风来了，之后便停电了。”小女孩不假思索地回答。

“停了电又怎么样？”

“晚上就会点上蜡烛。”

“你喜欢点蜡烛吗？”

“是的，那回（指上次台风吹过的晚上）我点着蜡烛走来走去，你说我像小天使。”

母亲顿时无言，立即放下手中的活计，抱起小女孩，亲吻着她的小脸蛋，凑近她的小耳朵并说了一句话——孩子，你永远是天使！

母爱是火，点燃熄灭的灯；母爱是灯，照亮夜行的路。爱到极致，母爱足以感天动地。沐浴血色母爱，任何的讴歌和赞美都显得浮夸、显得苍白。那么，就让我们去体会、去歌咏、去感恩吧！

父亲如山

总是有那么一个人，默默地将我们守护；总是有那么一份爱，让人的心灵震颤，这个人就是父亲，这份爱就是伟大的父爱。即便是丹青的高手，也难以勾勒出父亲那坚挺的脊梁；即便是文学泰斗，也难以刻画出父亲那不屈不挠的精神；即便是海纳百川，也难以容纳父亲对儿女无私的关爱……

在父爱的辞典里，永远都没有“索取”一词。面对自己关心、惦记、爱护了一生的孩子，父亲最不愿意看到的就是给自己儿女增加负担，唯一的心愿就是“只要你过得比我好！”

父爱永恒

乔治一直对父亲有这样的看法：父亲一直就是瘸着一条腿行走的，他的一切都是那样的平凡无奇。他总是想，母亲为什么会和这样的一个人结婚呢？

有一次，市里举行中学生篮球赛。乔治是队里的主力。他找到了母亲，说出了他的心愿：他希望母亲能够陪他一同前往。母亲笑了，说：“那当然。你就是不说，我和你父亲也会去的。”他听后摇了摇头，说：“我不是说父亲，我只希望你去。”母亲很是震惊，问：“这是为什么？”他勉强地笑了笑，说：“我总认为，一个残疾人站在场边，会让整个气氛变味儿。”

母亲叹了一口气，说：“你是嫌弃你父亲了？”父亲这时正好走过来，说：“这些天我要出差，有什么事，你们商量着去做就行了。”

比赛很快就结束了。乔治所在的队得了冠军。在回家的路上，母亲非常高兴，“要是你父亲知道了这个消息，他一定会放声高歌的。”乔治沉下了脸，说：“妈妈，我们现在不提他好不好？”母亲接受不了他的口气，尖叫起来，说：“你必须告诉我这是为什么？”

乔治满不在意地笑了笑，说：“不为什么，就是不想在这时提到他。”母亲的脸色变得凝重了起来，说：“孩子，有些话我本来不想说，可是，我再这样隐瞒下去，很有可能就会伤害到你的父亲。你知道你父亲的腿是怎么瘸的吗？”乔治摇了摇头，说：“不知道。”母亲说：“你两岁时父亲带你去花园里玩。在回家的路上，你左奔右跑。忽然，一辆汽车急速地驶来，你父亲为了救你，左腿被碾在了车轮下。”乔治顿时呆住了，说：“这怎么可能呢？”母亲说：“这怎么不可能？只是这些年你父亲不让我告诉你罢了。”

父亲的爱是威严的、沉默的、忧郁的、深远的，让你的思想即便沾上肮脏的污垢也能焕然一新。父爱犹如一把大伞，总在有雨的天里支撑着；父爱犹如一座大山，挺拔而伟岸；父爱犹如一片汪洋大海，浓郁而深远。父爱是人生旅程中的一盏指路明灯，在迷路的时候，照亮前行的旅程。

父爱如天，粗犷而深远；父爱如河，细长而缠绵。父爱是深沉的、伟大的、纯洁而不图回报的，然而父爱又是苦涩的、难懂的、沉重而难以理解的。

有人说，父爱是山，因为它沉重；有人说，父爱是海，因为它是广阔；有人说，父爱是百合，因为它温馨；有人说，父爱是书，因为它深刻；有人说，父爱是平静的湖，即便外表波澜不惊，可是内心却激流涌动……

父爱无言，父爱常以它独特的沉静阐述着父爱的责任。父爱越是深沉，越是含蓄，这样，你才会在某一个瞬间，突然发现父爱的沉重与伟岸。父爱无法用华丽的辞藻来描述，男人对子女的感情永远都是深沉而宽广的，他们只懂得默默地付出。父爱如山，俊朗的山峦挺拔昂扬、直冲云霄，让你无法不接纳。这是一种豪迈的气度，让你感受到神秘、向往，甚至是有些高不可攀。

父爱之所以伟大，是因为父亲懂得承担责任，宁愿自己受苦受累，也要为家人遮风挡雨；父爱之所以弥足珍贵，是因为父亲悄无声息地给家人带来温暖，教会子女生活的道理；父爱之所以不可或缺，是因为父爱像一座巍峨的山峰，父亲是子女心目中的偶像，在树立正确的人生观和价值观上做出了榜样。倘若说子女是一棵“小树”，父爱就是提供它茁壮成长的土壤；倘若说孩子是一个“巨人”，父爱就是他脚下得以站立的肩膀。父爱的深沉、父爱的伟岸、父爱的弘远如同生命的镜子，永远给子女启迪和教诲。

第4章

人际关系的心理维护

人际关系与心理健康有着十分密切的关系，正常、良好的人际关系是人们心理健康的重要体现。良好的人际关系可以缓解心理压力，促进心理健康，而恶劣的人际关系却很容易让人产生心理障碍。良好的人际关系具有朋友多、人际关系和谐的特点，因此人们之间可以互相关心、互相爱护、互相帮助，这样就可以降低心理压力，化解心理障碍，有利于心理健康。不良的人际关系则表现为人际关系恶劣，缺乏知心密友，有话不想说，也不能说，只是把所有的问题都压抑在心中，这样，产生的问题不能得到有效地化解。因此，很容易把心理问题积蓄和放大，也就很容易产生心理障碍。

第一节　扬起航帆去远行——上进

永远保持进取，保持开放的心态，敢于开拓进取，收获是自己的，所以这些人的成功比别人快得多，自然收获也大。

进取心是成功的起点

拿破仑·希尔告诉我们，进取心是一种极为难得的美德，它能促使一个人在不被吩咐应该去做什么事情之前，就能够自愿地去做应该做的事。

有了进取心，我们才可以充分地发掘自己的潜能，实现人生的价值，充分享受人生的甜美；我们才能握住命运的咽喉，把挫折当作音符谱写出人生的激情之歌；我们才能在生命之中时刻充满着青春的激情和朝气。

一个人的心胸有多大，舞台就会有多大。进取心和想象力是成功的起点，也是最重要的心理资源。眼光长远，时刻准备着提高和进步，是成功者最重要的习惯。

进取心塑造了一个人的灵魂。我们每个人所能达到的人生高度，无不取决于内心的状态。当我们渴望获得成功的时候，才会冲破限制我们的种种约束。倘若一头牛不想喝水，你无法按低它的头。而一个不想进步的员工，即便是拿着鞭子抽打他，他也不可能有杰出的表现。一个没有进取心的人，我们怎么能奢望他付出更多的努力去培养其他的良好习惯呢?

进取心是人类智慧的源泉，它就好像是一个人的灵魂建立在这个世界上的天线，通过它可以不断地接纳和了解来自各方面的信息。它是威力最强大的引擎，是决定我们成就的标杆，是生命的活力之源。我们要像保尔·柯察金一样在死神和病魔面前保持“不因碌碌无为而羞愧，不因虚度年华而悔恨”的镇定和自信，在生命中时刻充满青春的激情和朝气。

企业需要具有高度进取心的人

微软全球高级副总裁、前微软中国研究院院长李开复曾经说过:“三十年前，一个工程师梦寐以求的目标就是进入科技最领先的IBM。那时IBM对人才的定义是一个有专业知识的、埋头苦干的人。斗转星移，事物发展到今天，人们对人才的看法已逐步发生了变化。现在，很多公司所渴求的人才是积极主动、充满热情、灵活自信的人。”

钢铁大王卡内基曾经说过:“有两种人绝不会成大器，一种是非得别人要他做，否则绝不主动做事的人；另一种人则是即使别人要他做，也做不好事情的人。那些不需要别人催促，就会主动去做应做的事，而且不会半途而废的人必将成功，这种人懂得要求自己多付出一点点，而且做得比别人预期的更多。”

企业都清楚员工的需求，也知道满足这些需求很有必要，可是在招聘的时候，他们关心的主要问题仍然会是：这个人能为我们的企业做些什么？企业所寻找的，是那种有动力和热情、能够证明自己确实能为企业做出贡献的人。

高度进取心是用人单位最重视的素质

一家公司人事经理曾说："不管应聘者在校时的成绩多么好，假如缺少到本公司工作的意愿，那公司肯定是不会聘用的。公司需要的是那种不畏艰难、不怕失败、能不屈不挠开拓进取的人。"另一个公司的人事经理说："公司需要的是有个性的人。在面试中，我们的评价要点注重看到应聘者到底是否具有个性。"尽管每个公司都有着各自不同的人才评判标准，但对应聘者的要求有几点却很一致。

一是企业需要具有高度进取心的人

简而言之，各公司都喜欢那些真正想干点事情的年轻人。这些人通常能自觉地、积极地进行努力，并能不屈不挠地将思想付诸行动，影响和带动周围的人去工作。倘若一个人缺少进取心，在工作中抱着应付的态度，自然不会提出主动性建议，也不会去开拓工作的新局面。

二是企业需要具有良好人际适应能力的人

良好的人际适应能力是指一个人在组织中与其他成员的协调能力和沟通能力。具有良好人际适应能力的人通常能够团结和带动组织中的其他成员进行工作。组织中有很多项目的完成均要通过各个成员的互相合作，并且拥有良好的人际适应能力也有利于组织和外界进行联络。

三是企业需要具有高度灵活应变能力的人

企业是一个活生生的处于不断发展之中的实体。在企业发展的过程中，会面临很多意想不到的新问题，这就需要员工具有极高的应变能力，能够灵活地适应各种环境的变化。有些人力资源专家认为，应变能力是现代"白领"必须具备的、最重要的素质之一。

四是能适应本公司工作的人

面试是企业和应聘者之间的互相沟通，除了工作能力之外，每个公司都有着其特殊的文化环境，当主试者感到应聘者不合乎本公司的文化环境时，就不会选择录用应聘者。能适应本公司工作的人，不但是指能力上适应，而且包括个人修养、言谈举止、工作作风等多方面。

学习不为报酬而工作

拿破仑·希尔曾经聘用了一位年轻的小姐当助手，替他拆阅、分类并回复他大部分的私人信件。当时，她的工作是听拿破仑·希尔口述，记录信件的内容。她的薪水和其他从事相关类似工作的人大致相同。

有一天，拿破仑·希尔口述了下面这句格言，并要求她用打字机将它打下来："记住：你唯一的限制就是你自己脑海中所设立的那个限制。"

当她把打好的纸张交还给拿破仑·希尔时，她说："你的格言让我获得了一个想法，对你、我都很有价值。"

这件事并未在拿破仑·希尔脑中留下什么深刻的印象，可是从那天起，拿破仑·希尔可以看得出来，这件事在她脑中留下了特别深刻的印象。她开始在用完晚餐后回到办公室来，并且从事不是分内而且也没有报酬的工作。

她开始将写好的回信送到拿破仑·希尔的办公桌来。她已经研究过拿破仑·希尔的风格，所以，这些信回复得跟拿破仑·希尔的风格完全吻合；有时甚至会更好。她一直保持着这个良好的习惯，

直到拿破仑·希尔的私人秘书辞职为止。当拿破仑·希尔开始找人来添补这位男秘书的空缺的时候，他很自然地想到这位小姐。可是，在拿破仑·希尔还未正式给她这项职位之前，她已经主动地接收了这项职位。由于她在下班之后以及没有支领加班费的情况下，对自己加强训练，终于让自己有资格出任拿破仑·希尔属下人员中最好的一个职位。

但不只是如此而已。这位年轻小姐的办事效率太高了，所以引起了其他人的注意，其他人开始向她提供极好的职位。拿破仑·希尔已经多次提高她的薪水，她的薪水现在已是她当初来，拿破仑·希尔这儿当一名普通速记员薪水的四倍。对于这件事，拿破仑·希尔实在是束手无策，因为她让自己变得对拿破仑·希尔极有价值，因此，拿破仑·希尔不能失去她做自己的帮手。

这就是进取心。另外值得注意的是，这位年轻小姐的进取心，除了让她的薪水大为提升外，还为她带来一个极大的好处。在她的身上，已经发展出来一种愉快的精神，为她带来其他速记员永远无法领会的幸福感。她的工作已经不是工作了，而是一项极具乐趣的游戏。甚至即使比一般的速记员提早来到办公室，而且在她们一听到钟敲到五点钟而下班之后，她仍留在办公室内，可是，相比较起来，感觉上，她的工作时间反而比其他工作人员更短。对于喜欢分内工作的人来说，辛勤工作的时间并没有实际那么长。

不论你目前是在从事哪一类工作，每一天你一定要让自己获得一个机会，让你能够在平常的工作范围之外从事一些对其他人有价值的服务。在你自动提供这些服务的时候，你当然也会明白，你这样做的目的并不是为了获得金钱上的报酬。你之所以提供这种服务，是因为它是你练习、发展及培养更为强烈的进取心的一种方式。你一定要先拥有这种精神，然后才能在你所选择的终身事业中成为一名杰出的人物。

进取心不仅是生命的原动力，也是人生价值的自我体现，进取心是一种求知欲望，也有一些好奇心，想进一步获取新的知识，不断充实自己、提高自己，让自己能够更好地体现其价值。

进取心可以让人的思维活跃，可以让人的学识变得广泛、渊博，这样的人不管有没有所谓的成功及地位，在周围环境的人群中必会受到尊重，其自身价值就完全可以体现出来。

进取心可以让人感情丰富，因为不断更新的知识，会让人接纳更多的东西，视野更为开阔、心胸更为宽敞。

一个人在工作上的进取心，取决于他的职业目标的高度。强烈追求提高自身的价值，不断地充实自己，吸纳新的知识，与时代俱进，不断地开拓创新，提高在社会中自身的价值，不断地提升进取心。进取心是促使个体具有目标指向性和适度活力的内部能源，认真而持久的工作是个体事业成功的前提，而具有进取特质的个体也就具有了职业成功的心理基石。责任心强的人常能够审时度势选择适度的目标，并持久地、自信地追求这个目标，责任心强的人事业容易成功。进取心是成功者的发动机；是你成功的阶梯和要素；是搭建在平凡和杰出之间的一座桥梁；是能够获得打开成功大门的钥匙。培养锻炼出进取性的品格，搭上通向辉煌之路的天梯，从而实现自己的价值。

第二节 虚心竹有低头叶——谦虚

“一切真正伟大的东西，都是淳朴而谦逊的。”世上凡是有真材实料的学者，凡是真正的伟人豪杰，无一不是虚怀若谷、谦虚谨慎的人。谦虚，是一种冷静；谦虚，是一种反省；谦虚，是一种成熟。谦虚是一个坚实的阶梯，它能引领我们走上人生的高峰。懂得谦虚，是一种智慧；学会谦虚，走向人生的更深处、更远处。

花开的时候吵到你了吗

寺院里接纳了一个年仅16岁的流浪儿，这个流浪儿头脑灵活，腿脚勤快。灰头土脸的流浪儿在寺里剃发沐浴之后，就变成了干净利落的小和尚。

法师一边照顾他的生活起居，一边循循善诱地教导他为僧做人的一些基本常识，看他接受和领会问题比较快，又开始教导他习字念书，诵读经文，也就在这个时候，法师发现小和尚的弱点——心浮气躁，喜欢张扬，骄傲自满。比如，他刚学会几个字，就拿着毛笔满院画；又如，他一旦领悟了某个禅理，就会一遍遍地向法师和其他僧侣们卖弄；更可笑的是，当法师为了鼓励他，刚刚夸奖他几句时，他马上就在众僧面前炫耀，大有唯我独尊，不可一世之势。

为了改变他的不良行为和作风，法师想了一个用来启发点化他的方法。这一天，法师将一盆含苞待放的夜来香给这位小和尚，让他在值更的时候，注意观察一下花卉的生长情况。

第二天一早，没等法师去找他，他就欣喜若狂地抱着那盆花一路招摇地跑来了，当着众僧的面大声地对法师说："您送给我的这盆花太奇妙了！它晚上开放，芳香四溢，美不胜收，可是，一到早晨，它又收敛了它的香花芳蕊……"

法师就用一种特别温和的语气问小和尚："它晚上开花的时候，吵到你了吗？""没有。"小和尚高高兴兴地说，"它的开放和闭合都是静悄悄的，怎么会吵到我呢？"

"哦，原来是这样啊。"法师以一种特殊的口吻说，"老衲还以为花开的时候吵闹着炫耀一番呢。"

小和尚愣了片刻之后，脸"刷"地就红了说："弟子领教了，弟子一定痛改前非！"

谦虚的人就像美丽的花朵，绽放的时候吐露芬芳，收敛的时候安静无声。山深愈幽，水深愈静，有学问、有道行的人，真正成功和芬芳的人生，无须张扬和炫耀。

与大师握手

"钢琴王子"克莱德曼的中国巡演刚一结束，等待索要签名的粉丝们就已经排成了长龙。大厅里人头攒动，拿到签名的"粉丝"欣喜若狂，许多人都流下了激动的眼泪。

这时，一对引人注目的父子排到了队伍前面。克莱德曼习惯性

地拿起签字笔，客气地问他们想签到哪里。出乎意料的是，这位父亲竟然说："我们不要签名。"此话一出，众人惊诧不已，纷纷将目光集中在了这一对等候几个小时却不要签名的父子身上。"我有一个不情之请，"这位父亲看着克莱德曼说，"我想让我的孩子握一下您的双手。"周围的人更加疑惑不解了，纷纷上前来看个究竟。

这位父亲向克莱德曼深鞠了一躬："您是我非常尊敬的钢琴大师。"随后将儿子拽到身前来，摸着他的头说："这个孩子对钢琴很有悟性，打小就苦心练琴。这两年来，他接连获奖，每次比赛总是拿第一。"克莱德曼眼里流露出赞许之意，示意他继续说下去。

"他有些飘飘然了，觉得自己很了不起。特别是最近，他到处炫耀琴技，根本没有心思练琴。我今天一是为仰慕大师风采而来，二是想让孩子明白一个道理，怎样才算真正的钢琴家。"

克莱德曼自然是不会错过这个发掘天才钢琴家的机会。他将自己那双与钢琴打了半辈子交道的大手伸到孩子面前，微笑着说："来吧，孩子，你是好样的。"看着那双手，孩子的小手竟然迟迟不肯伸上前去。和克莱德曼的十指接触的刹那间，他似乎被克莱德曼指头上厚厚的老茧电到了一般，猛地一缩。那双小手就这样久久地悬在空中，孩子明亮的双眼痴痴地望着对方，嘴里不停地念叨着："钢琴家，钢琴家……"

此后，这个在钢琴方面天资极高的少年又开始苦练琴技，终于取得了巨大的成功。当初的孩子就是现在的钢琴家——郎朗！

谦虚是人类的美德。中国有句古话说："满招损，谦受益。"它从正反两个方面对其进行了精辟的总结。对于一个人来说，谦虚主要有两

个方面的好处：一是谦虚让人进步。人生有涯而学海无涯，一个人不论怎样博学多才，他的知识与人类整体的知识相比只不过是沧海里的一粟。“海纳百川，有容乃大。”凡是才识越高的人，越是明白这个道理，因而越是虚心好学，严于律己，持之以恒，也越能够成就大事业。二是谦虚会赢得好感。谦虚的人言谈举止之间谦恭有礼，不专断、不傲慢、不自以为是，在交往的过程中比较容易获得别人的好感，容易得到忠告、帮助和真诚的合作。一个处处得到好感的人，他的事业之船也就等于悬挂了顺风之帆，其成功也是显而易见的。

古希腊的哲学家苏格拉底是一位十分博学的老人，门生众多，思维敏捷，很多人都称赞他是一位有学识、有品德的人，可他却说：“我一生最大的学问就是知道自己的不足。”大哲学家苏格拉底谦虚一生，德高望重，这说明了谦虚让人进步。

谦虚是一种美德，一个人倘若有了非凡的成就，不将自己放到一个过高的位置上，学会摆正自己的位置，他理应受到他人的颂扬。谦虚，是一个人对世界的反馈，是一把打开生活高层次的钥匙。

与人谦虚，让你摆脱困境

杜拉斯是法国著名的作家，同时她也是积极的参政者。1943年，她参加了一个反维护希特勒政权的集会。集会触动了当时政府的软肋，所有参加运动的人都遭到了警方的追捕，杜拉斯也准备暂避到小城格勒诺布尔。

火车包厢里面还坐着三个人：一对母女和一个男人。男人叫布拉瑟，是当时法国的一名演员，他一眼就认出了杜拉斯。

布拉瑟曾经在报纸上批判过杜拉斯的新作《无耻之徒》，说小说里面充满了恐惧和欲望色彩，这对孩子的神圣心灵造成了亵渎。在包厢里面，布拉瑟仍旧不依不饶，大声阐述着自己的观点，并对杜拉斯提出了建议，希望她能有所改进。杜拉斯并没有生气，而是微笑着说："很高兴您能仔细读完这本小说，我还以为没有人想看它呢。"说完，对面的孩子也笑了起来。杜拉斯说这是她独立完成的第二部小说，以后会继续写下去，希望布拉瑟先生能够继续提出中肯的意见。

杜拉斯的话让布拉瑟对她另眼相看，他曾以为杜拉斯只是个爱出风头的姑娘。于是，一改以前看不惯她的态度，两人一见如故，在包厢里谈着见闻。

突然，两个军官冲进了包厢，要查看他们的身份证明，布拉瑟起身和军官寒暄起来，有个军官表示很是喜欢他的表演，另一个军官似乎认出了杜拉斯，向她望去。

"先生，这是我太太，请允许我介绍一下。"布拉瑟搂着杜拉斯朝军官说，两个军官犹豫了一下便出去了，布拉瑟以法国人特有的浪漫帮杜拉斯渡过了困境。

有真才实学的人通常虚怀若谷，肯接受批评；而不学无术、一知半解的人，经常自以为是，骄傲自满。明智的人，会在别人的批判声中找出不足；而愚蠢的人，则在批判声中捶胸顿足。谦虚谨慎的人，才会获得尊重，在困境中得到帮助。

谦虚地学习、谦虚地为人处事、谦虚地面对我们身边的所有的人，永远地记得：你不会是最强的，你的身边肯定还有比你强的人。换个角

度来看，每个人都有值得我们学习的地方，每个人都应该是我们学习的对象，是我们学习的榜样，是促进我们逐渐完善自己的良师益友。

孔子说："知之为知之，不知为不知，是知也。"知道就是知道，不知道就是不知道。人生在世，为人谦虚很是重要。一个谦虚的人，能够实事求是地看待自己、看待别人，能在成功面前保持一颗清醒的大脑，处理起事情来自然就井井有条，不会盲目，不会犯错，自然就能够带来巨大的成功，取得更大的成绩。谦虚也能让人进步，让自己不断地完善，所谓"好问则裕，自用则小""人誉我谦，又增一美；自夸自败，还增一毁"。谦虚的人，能够虚心地接受他人的批评和建议，能够不断地完善自己；谦虚的人，乐于求助他人，乐于学习，能将不懂的变懂，不会的变会。自己不断地得到提升，就能够取得进步。谦虚的人除了能让自己得到完善外，也能让他人乐意与自己相处，能让自己的人际关系变得更融洽，所谓"劳谦虚己，则附之者众，骄慢倨傲，则去之者多"。因为谦虚的人不会恃才傲物，目中无人，所以人们就愿意与谦虚的人相处，也愿意帮助谦虚的人。而"得道多助，失道寡助"，谦虚者得到的帮助越多，自然取得的成功的机会也就越多。

谦虚还要做到实事求是。要在别人称赞自己的时候，不自满，不骄傲；在别人批评自己的时候，能够清醒地看到自己的不足，看到他人的合理之处。实事求是还要求人们要坚持自己的想法。我们说谦虚不是说不能与别人争辩，不坚持自己的看法，倘若没有原则地接受其他人的一切批判，我们说那不是谦虚，那是没有主见。谦虚应该是实事求是的，是过则改之、无则勉之的冷静的处理方式。面对溢美之词我们不自满，也不能过谦，别人都觉得你很出色，这时候也不要不敢承认。我们说过分谦虚等于虚伪。实事求是地看待一切，才是真正的谦虚。

第三节 与其羡慕别人，不如做自己——自信

不给自己的人生设限

克里亚曾说过："假使我们自比为泥块，那我们将真的会成为被人践踏的泥块。"许多人一生都无法取得成功，并不是因为追求不到成功，而是在他们的心中，总是认为自己就是平凡到不能再平凡的人，所以，不相信自己能够攀上成功的巅峰。也就是说，他们在心里给自己设定了一个高度，而恰恰是这个高度限制了他们的成功。实际上，人生没有什么不可能。要想取得更大的成功，我们必须要尽力发掘出自己的潜能，大声地对自己说："没有什么是不可能的。"不给自己束缚，你的人生就没有限制。

有位心理学家做过一个实验：

将一只跳蚤放在一个玻璃杯里面，跳蚤很轻易就能从玻璃杯中跳出来。再反复几遍，结果都一样，玻璃杯根本难不倒它。

经过测试，他发现跳蚤跳的高度竟然达到了它身体的400倍左右，简直可以称得上是动物界的跳高冠军了。

接下来心理学家再次将这只跳蚤放进了玻璃杯内，不过，这次在杯子上方加上了一个盖子。

"啪"的一声，跳蚤重重地撞到了盖子上面，然后重重地掉了下来。跳蚤十分疑惑，可是它依然没有停下来的意思。

在一次又一次的受挫之后，跳蚤开始变得聪明起来了，它开始根据盖子的高度来调整自己跳高的高度。

又过了一些日子，心理学家发现这只跳蚤再也没有撞到过盖子，而只是在盖子下面自由地跳动。于是，心理学家将盖子轻轻地拿掉了，可是跳蚤却还是在原来的那个高度继续蹦跳。

三天以后，他发现这只跳蚤还是在那个高度继续蹦跳。一周以后，这只可怜的跳蚤还是在那个高度不停地跳着，它已经无法跳出这个玻璃杯了。

难道跳蚤真的不能跳出这个杯子了吗？答案当然不是。只是它在心里面已经默许了这个杯子的高度是自己无法超越的，所以就不敢再继续尝试了。它实际上是输给了自己。

在生活当中，还有许多人在遇到困难的时候，总会认为自己不可能战胜困难，从而不敢继续尝试。实际上，事情或许并没有他想象中的那样无法完成，你所认为的“不可能”，只是自己内心的恐惧，能否完成还要看你自己是否会去尝试，是否会去尽力。许多事情，倘若以“必须完成”或者“一定能做到”的心态去拼搏奋斗，你一定能够取得令人羡慕的成功。

完成不可能完成的任务

沃尔特·迪士尼在卡通片米老鼠获得巨大的成功以后，向他的家人和好友宣称："我要拍一部卡通电影。我要让世界第一部动画电影在我的手中诞生。"

要知道，在当时卡通片通常都只有短短的十几分钟，而且是在电影正式开场前的串场节目。"不可能，绝对不可能。"几乎所有的人都在全力反对他。"谁相信观众会愿意看这么一部长达 80 分钟的卡通电影啊。"影评家们对此不屑一顾。"没有人看好这么一部长片，这叫作'迪士尼的傻劲'。"美国媒体声称。

"我就是喜欢完成一项又一项在别人眼里不可能完成的任务。"沃尔特笑着说。接着他又用富有感召力的演讲和非常投入的表演"封住"了人们的嘴巴。他信心满满地聘用了 300 多位艺术家来帮他完成这项"不可能"的任务，运用了各种在通常制片厂作品里不可能运用的动作进行拍摄，还用几种实际的音响加以汇合制作出人们从来没有听见过的各种声音，以至于预算从 50 万美元一直飙升到 150 万美元，到后来的 200 万美元。在他的呕心沥血、精益求精的不懈努力下，历时 4 年，终于制作完成了《白雪公主》。在好莱坞圆环戏院首映后产生了巨大的轰动，并创造了多个世界第一：世界上第一部动画电影，世界首部发行原声音乐的电影，世界上第一部使用多层次摄影机拍摄的动画片等。

为什么沃尔特能把这许多人看来都不可能完成的事做到改写电影史的地步呢？我们来听听沃尔特是怎么说的：“你比自己想象的要强！我们总是自己限制自己，同时让他人给自己更多的限制。当你释放自己的思想并让自己的想象力得到充分发挥的时候，你就能冲破脑子里给自己设定的原本的框架，你就能够取得真正的成功。我觉得尝试似乎不可能的事是一种乐趣。”

“天生我才必有用”，李白的这句话一直到现在还被认为是最具普遍教育意义的名言，寓意着生活必有伟大的目的或是意志寄于我们生命中，而万一我们不能将自己的生命充分地展现于尽善尽美的境地、至高的程度，那么这对于世界将会是一项巨大的损失。怀揣着这种意识，就一定可以让我们产生出一种巨大的力量和勇气来。一个人倘若具备了自信，通常可以让平庸的男女成就神奇的事业，甚至成就那些虽然天分高、能力强，但是疑虑与胆小的人所不敢染指的事业。自信心是比金钱、势力、家世、亲友更有用的要素，它是人生最可靠的资本，它能使人克服困难，排除障碍，不怕冒险。对于事业的成功，它比什么东西都更有效。

不论在何种场合，都不能在容貌举止之间表现出你自认为自己卑微渺小，这只会处处显得你不信任自己，不尊重自己。你自然不应该埋怨别人，别人也自然不会信任你、尊重你，反而会低估你、轻视你。在这个世界上，有很多的人，他们以为别人所有的种种幸福都是不属于他们的，以为他们是不配拥有的，以为他们是不能与那些幸运的人相提并论的。可是，他们并不清楚，这样的自卑自抑、妄自菲薄是会错过许多人生的精彩的。有很多人通常在想，世界上很多被称为美好的东西都是和自己沾不上边的，人世间种种善、美的东西，只配那些幸运的宠儿们所独享，对于他们来讲只能算是一种禁果。他们把自己沉浸在卑微的信念

之中，那他们的一生自然也只会卑微到底，除非他们有朝一日醒悟过来，敢于抬起头来追求“卓越”。世间有不少原本可以成就大业的人，他们最终也只是平平淡淡地老死，度过了自己平凡的一生，他们之所以落得如此命运，是他们对于自己期待太小、要求太低的缘故。

信心是每一项伟大成就的领航员。信心给你指明了通往成功、迈向辉煌的道路。信心是洞悉一切的能力或是本能，因为它看到了人们身上的发展前途。在督促我们成就大业方面，信心绝不会有丝毫的犹豫，因为信心看到了你身上那股能成就大业的潜力。信心能开启守卫生命真正源泉的大门，正是借助于信心，你才能够发掘出伟大的内在动力。在人们作出努力的所有方面，信心都能够创造奇迹。在你自信能完成一件事情时，有一股巨大的力量推动着你前行。对自己有极大信心的人不会怀疑自己是否处在合适的位置上，不会怀疑自己的能力，也就不会担心未来。换句话说，处于信心庇护下的人能从束缚、妨碍无信心者的很多担忧和焦虑中释放出来。他有行动的自由，他的能力也可以自由地发挥，而这两种自由对于取得巨大的成就是必不可少的。对于成就大业来说，自由也是必不可少的。一个人的思想一旦受到担忧、焦虑、恐惧或无把握感的束缚和妨碍时，他的大脑就不能有效地指引自己去完成工作。同样，当他的身体受到束缚时，他的身体机能也不可能最有效率地开展工作。对绝佳的脑力工作而言，思想的自由是绝对不可少的。不确定感和怀疑心态是集中心志的两大敌人，而集中心志是一切成就的秘密所在。

信心能提升一个人的能力，对人们的理想也有十分重大的影响。信心是一切时代最伟大的奇迹的制造者。凡是能够增强你自信心的东西，都能够增强你的力量。信心能让我们站得高，看得远，能让我们站在高山之巅，眺望远方充满希望的大地。信心是真理和智慧之光。与其他任何事情相比较，暗示人的无能通常会引起个人痛苦和个人悲剧的发生以及导致个人的失败。即便是最好的赛马，倘若其信心遭受了破坏，那它也就不可能赢得奖项。信心也是训练员特别在意的东西，因为赛马对自己能够赢得胜利的信心，是它最后能够胜出的一个十分重要的因素。

世界上成就斐然的人的明显特征是，他们时刻保持着对自己充满极大的信心的状态，他们无不相信自己的力量，他们无不对人类的未来充满信心。

信心总是先行一步。信心是一种心灵感应，是一种思想上的先见之明，这种先见之明能看到肉眼所看不到的景象；信心是一个导游，它帮我们开启紧闭的大门，它能看到困难背后的光明的前景，它能够为我们指点迷津。

人生来就是平等的，没有一个人是命中注定要面临失败的。只要自己善于利用本身的资源，那么势必会增加成功的可能性。也没有一个人命中注定是要过穷困潦倒的生活的。作曲家在创作歌谱的时候，必须让每一个音节都十分和谐。一个人的各种活动亦是如此。人就好像一架复杂的机器，他那漫长的生命就是为了成就一番伟大的事业，建立不朽的功名。因此，人体这架复杂的机器，每一个零部件对于成功来说都是至关重要的，都是成功的一个要素。也就是说，是完全为成功而存在的。但凡是人体内的每一根神经、每一条经络、每一个细胞、每一项组织、每一种能力，都是成功的基本要素，如果能够保持和谐一致，那么，就可以产生极大的效力。可是，就像一个音调失调有时会使整首歌谱失败一般，人在任何一种原质上的弱点都可以使他的全部活动归于失败。

如果你已有飞翔的梦，那么就赶快插上自信和倾听的翅膀。像雄鹰般在蓝天和白云间飞翔，与风雨搏斗，成为勇者和力量的化身，实现自

己的人生梦想。俗话说得好："这个世界是由自信创造出来的。"的确，力量是成功之本，自信是力量的源泉。自信在我们的学习、工作、生活中具有巨大的推动力。

第四节 降落人间的天使——奉献

人生的价值在于奉献

爱因斯坦曾说过："人生的价值应当看他贡献什么，而不应当看他取得了什么。"

被誉称中国"导弹之父"的著名科学家钱学森，当年在美国留学时，就取得了相当大的成就，赢得了科学界人士的高度关注。美国政府以极其丰厚的待遇，想方设法地要留住这位后起之秀。可是，所谓人各有志，别人期待的是金钱，是地位，是荣誉，而钱学森却期待着回到祖国的怀抱，奉献自己的知识。正是因为这种无可撼动的信念，当他得知新中国成立的消息时，他义无反顾地做出了回国的决定。他说："我回到中国，不是爱美国少一点，而是爱中国多一点，我爱国的贫穷。"他冲破了重重阻碍，终于重返故土。

高尔基曾说过："一个人追求的目标越高，他的才力就发展得越快，对社会就越有益。人的思想境界高一分，无私奉献的精神就会登上一个新阶梯。"

奉献自己的人

孔繁森为了西藏人民，可以奉献金钱、鲜血、健康，甚至是自己的生命。1992 年，拉萨市墨竹工卡等县发生地震。当时在拉萨任副市长的孔繁森立即赶赴灾区。在羊日岗的地震废墟上，他看到 3 个失去父母的孤儿——曲尼、曲印和贡桑，便嘱咐当地干部一定要妥善安置好他们。不久，他再次来到羊日岗乡，决定亲自抚养这 3 个孤儿。孔繁森每次下乡，总要将钱分给那些生活贫困的藏族群众，收养孤儿后，经济上就变得更加拮据了。可是，他从不让孩子们受委屈。1993 年，为了给两个孩子付学杂费，他悄悄来到西藏军区总医院血库献血，卖了 3 次血，得了 900 元钱。在西藏工作的近 10 年，他几乎没往家里寄过钱，把省下的工资绝大部分都花在了藏族群众身上。在他当拉萨市副市长期间，全市 56 所敬老院和社会福利院，他走访过 48 所。孔繁森去世后，他留下的遗物仅有 8.6 元钱和三个纸箱。

“无私奉献”并不是简单地付出，老子曾在《道德经》里说过：“天地所以能长且久者，以其不自生，故能长生。是以圣人后其身而身先，外其身而身存。非以其无私邪？故能成其私。”他的意思是说：圣人谦让退后反而能够领先，置自身于度外反而能够明哲保身。这不正是由于他的无私奉献吗？从另一方面也可以理解为：越是无私，能够得到的就越多。每一次的付出都是一次旅行；每一个故事都是一道美丽的风景；

每一次的奉献都是一曲动人的乐章，它能够影响着我们，感动着我们，改变着我们。

第五节　暗香浮动的花朵——乐观

乐观是什么？它是一种积极的人生态度；是一种顽强拼搏的生命意志；是一种难得的智慧感悟；更是一颗博爱的善良心灵。

作为生命的个体，从本质上而言，是渺小和脆弱的，仅凭借自身的意志和努力，把乐观的精神状态演变成持久快乐的生活状态还远远不够。人非神明，实不能做到法力无边，跨越所有难关，也更不可能预测祸福，面对困难应对自如。此刻，群体的作用最为关键，当你融入群体中去，群体就会发挥出更大的力量来帮助你、关心你，为你出谋划策，为你排忧解难，个体的乐观因为有了群体的依托而变得坚实、持久。唐代大诗人白居易有云：“乐人之乐，人亦乐其乐；忧人之忧，人亦忧其忧。”由此可见，用一颗善良的心，用一颗博爱的心，才能收获更多人关爱的回馈，个体的你也将因此拥有长久乐观的资本。

不要吝啬你的付出，你将会收获更多的快乐，因为快乐是美德的伴侣！乐观向上，是一种精力充沛、心胸豁达的表现；乐观向上，挫败了斤斤计较、患得患失的小气；乐观向上，丢开了意志消沉、情绪低落的自我麻痹；乐观向上，消除了举棋不定、畏首畏尾的怯懦。一个人的成功，是有着乐观陪伴的，因为乐观向上，让他冲破了感情的磕磕碰碰，让他向最高峰高喊：“我永不放弃！”

乐观是一种积极的人生态度，只要有这种态度，无论在什么时候，都能够保持微笑，自然就可以活得更轻松。让我们抛弃一切烦恼，从现在开始，乐观地生活，或许前面的路就是你要到达的终点站。假如你用乐观的态度去看待世界上的事情，那么即便是挫折，甚至苦难，你也能从中找到乐观的理由，进而化解挫折与苦难。倘若你用悲观的心态去看世界上的事情，那么即便是很小的挫折与痛苦，你也会觉得它是天大的灾难，由此背上了沉重的思想包袱。

桑兰在面对人生如此重大的变故时表现出来的乐观使人们为之感动。

1998 年 7 月 21 日晚，在纽约友好运动会上意外受伤之后，默默无闻的、17 岁的中国体操队队员桑兰成了全世界最受瞩目的人。这确实是个意外。当时桑兰正在进行跳马比赛的赛前热身，在她起跳的那一瞬间，外队一教练的探头干扰了她，导致她动作变形，从高空栽到地上，而且是头先着地。

这个来自浙江宁波、笑容甜美的姑娘，于1993年进入了国家队，个性温顺，可是在遭受如此重大的变故后却依然表现出难得的坚强，她的主治医生说："桑兰表现得非常勇敢，她从未抱怨什么，对她我能找到表达的词就是'勇气'。"就算是知道自己再也站不起来之后，她也绝不后悔练体操，她说："我对自己有信心，我永远不会放弃希望。"

因为她的坚强、乐观，美国院方称她为"伟大的中国人民光辉形象"，自那以后，有许多美国群众去看她，并不只是因为她受伤了，而是被她的精神所感染。

> 1914年12月的一天晚上，伟大的发明家爱迪生在美国新泽西州亚奥兰治市的工厂失火，损失惨重，将近百万美元的设备和大部分研究工作的记录毁于一旦。第二天早晨，67岁的爱迪生赶到火灾现场，有人设想希望与理想化为灰烬的他一定会暴怒至极。可是爱迪生却很平静，他说："灾难也有好处。我们所有的错误都烧光了，现在可以重新开始。"

他的话说明了一个道理：在任何情况下，不论或好或坏，都受到我们态度的影响。意志坚强的乐观者在面临诸多问题的时候，总是怀抱着仍有可为的态度，遇到变故也就变得更加坚强了。这就不难理解他所说的"我的成功乃是从一路失败中取得的"的深刻内涵了。"天有不测风云，人有旦夕祸福。"在生活当中，事业不顺心、爱情转移、人际关系紧张等矛盾难免会找我们的麻烦。而乐观不仅是一种心态，更是一种涵养，一种对人生的透视和感悟。16世纪法国著名的启蒙思想家蒙田说："伟大的人生艺术，就是尽量有快乐的思想。"而英国哲学家培根则说："精神上空缺没有一种是不可依靠相应的学问来弥补的。"这就是在告诉我们人生的乐观态度能够激发出卓越的生活智慧。

乐观是心胸豁达的表现

比地大的是天空，比天大的是人心。心胸豁达的人是真正的强者，乐观则是他们的情绪体验。乐观者能应付生活险境，把握自己的命运。邓小平的心胸就很博大，在他80岁高龄时，联邦德国总理科尔问他"长寿秘诀”，邓小平回答说：“天塌下来我也不怕，有大个的顶着。”乐观的人即便面对糟糕的事情，也能迅速地做出反应，找出解决的办法，确定新的生活方案。乐观的人不会对事业表现出失望、绝望，正如有句话所说的：“悲观的心态泯灭希望，乐观者则能激发希望。”

乐观是生理健康的法宝

根据目前的研究：人类寿命的自然极限应为 130 岁到 170 岁之间，可是大部分人至今都未活到这个年龄。长久以来，科学家都在进行着大量研究，开始承认，人的疾病与寿命除了“生物模式”之外，还存在着“心理、社会医学模式”。中东地区一位 150 几岁的长寿者将自己长寿的秘密概括为一句话：“快乐的生活。”研究者发现，老年丧偶后的半年里，死亡率将会比同龄人高出 6 倍。悲观会破坏免疫的功能。情绪不仅仅是一种心理体验，更是一种物化过程。悲观不仅会造成代谢功能的失调，比如心率、血压、消化功能的紊乱，而且会让内分泌破坏或降低免疫功能。

快乐会让生病的人忘记痛苦，甚至会让生病的人也能比常人活得长久。

快乐是人际交往的基础

你给予别人欢乐，也会获得欢乐。在人与人相聚的时候，你的快乐心情、微笑的表情、诙谐的语言会像春风般温暖别人的心，引发大家的笑声，驱除心中的烦恼。当人们从你这里得到这些美好的心灵享受之后，

便会对你油然而生一种感激之情，就会觉得你有一种“精神引力一样”，愿意与你交往。这样，你就会加倍地得到别人带给你的欢乐。

乐观是工作顺利的条件

知足常乐指的是心平气和地接受当前面临的各种境遇，确定一个切实可行的、可望可即的追求目标，不要有过高的奢求，也不要过低地看轻自己。乐观地对待自己的工作，是工作顺利的前提条件，期望过高或总是感受到不如意，其工作反而会不顺利，继而产生悲观失望之感，处于一种恶性循环的情绪与行为当中。笔者几年前的几名学生在面临着工作分配前，担心留不到大城市；当得知留到大城市后又担心进不了大化工公司；当进了大化工公司后又为进哪个厂而发愁，总是不断地抱怨，明明是绝大多数同学都羡慕不已的工作，却让他们自寻苦恼而哀叹。而有一位同学坦然地面对分配，进了工厂后高高兴兴地上下班，虽然工作很辛苦，可是他却对自己说：“比上学前帮家里种地轻松多了。”在这种乐观的情绪下工作，再加上原来的知识基础，一年的转正期到了，他被提到了车间担任统计员。正是因为有了乐观的心态，加上自学统计理论，一年后他又被提升到了计划处。这或许是偶然事件，但是在偶然之中也可以分析出一种必然。那些一直不满意的学生的悲观情绪究竟对工作起到了什么作用？乐观的心态在那个工作顺利的同学身上有没有一点帮助？其实乐观与自信一样，可以让人生的旅途更顺畅。

所谓的乐观，是指面对挫折仍坚信形势和情境必会好转。乐观是让困境中的人不致流于冷漠、无力感、沮丧的一种心态。

第5章

事业型人格的心理调适

不同类型的人有自己的特点，有自己的优势和劣势。而一个人的成功，无非是充分地利用自己的优势，改变或避开自己的劣势，这可以说是取得成功的重要捷径。比如给予型人需要充分地利用自己的人脉；智慧型人除了需要丰富的知识，还要有实践经验，知与行两手并用；忠诚型人需要摒弃“宁做鸡头不做凤尾”的想法。找到自己的特点，就会少走弯路，从而实现快速成功的梦想……

第一节 天生的加班狂人
——成就型人格

什么是成就型人格

倘若你具备下列的特征，你就有可能是属于成就型人格。

在你小时候，邻家的小姑娘因为能歌善舞而甜甜地和别人打招呼，就轻易地迎来了赞美声时，你会对“那套把戏”不屑一顾，你认为获得称赞的途径是拿出书包里的奖状，高高地举在头顶，递到父母的手中。

作为女人，当别人称赞你漂亮的时候，你可能毫无感觉。倘若别人称赞你能干，你或许会兴奋得晚上都睡不着觉。你更喜欢中性的打扮，而不喜欢把自己打扮得花枝招展、性感十足。作为男人，你吸引异性的杀手锏不是凭借自己的年轻或帅气，而是出色的才干，因为你认为女人会因为自己能干而喜欢自己。

和恋人花前月下、悠悠度假时，你还会想着工作没有完成。度假之后面对毫无进展的工作，你可能会认为这简直是浪费了时间。你认为工作才是人生最快乐的事，没有工作生活就失去了快乐。

你喜欢参加群体活动，喜欢出风头；你相信自己是最杰出的，充满自信；你的体型一般是很标准的，行动反应速度敏捷；目光明亮，说话时眼神向上，低眉顺眼的“小媳妇”形象跟你无关；说话时的音调比较高，语速比较快；你尤其善于包装和推销自己，“三句话不离本行”——不出三句话，或许就将自己的成绩、能力、曾经取得的荣誉告诉给对方，活像只骄傲的大公鸡一样，喜欢炫耀，只不过你炫耀的不是自己的外貌和装扮，而是自己的能力和成绩。

成就型人格非常注重自己在事业上的表现。他们不论喜欢不喜欢所做的工作，都会努力去做，因为他们不在乎个人的感受和内心的想法，而是想取得成绩，以成绩去赢得别人的承认和表扬。这一点与悲情浪漫型的人是截然不同的，悲情浪漫型的人尤其在意的是自我的内心感觉，倘若这个工作自己不喜欢，那么他们就不会去做。在别人看来，成就型人简直就是工作狂人，他们避免让自己闲下来，觉得那是浪费时间。

成就型的人，父母从小对他们是高要求，可是，这一点与完美型人的父母又不同，完美型人的父母也是高要求，却没有赞美，如果没有达到要求，就会遭到惩罚或责骂，而成就型人的父母是高标准、高赞赏，如果达到了标准，就会大加夸奖、奖励。这样的父母只注重孩子的成就，不管孩子的内心感觉。孩子放学回家，父母第一句就是：“考试的成绩怎么样？”而不是“你今天在学校感觉怎么样，开不开心呀？”受到父母这种引导，孩子也忽视了自己的内心感觉，转而只关注自己的学习：学习成绩好了，就会得到父母的称赞；若是不好，就会得到惩罚或责骂。受到这种影响，他们努力学习，以期得到赞扬。

由此可见，成就型人格的形成基本经历了这样的“三部曲”：父母或他人提出高要求；完成提出的高要求；主动争取高要求。或许是随着年龄的增长，即便没有了父母的命令了，可是，这种高要求已经内化了，他们对自己有这方面的要求了。与此同时，他们一旦努力工作取得了成

绩，就会迫切地希望获得别人的夸奖和赞赏。若是做出成绩却被漠视，他们便会无法忍受，四处去宣扬自己的成绩，得到夸奖和赞赏，这就形成了爱炫耀和自恋的特点。

成就型人的外形是很时尚的，他们通常是社会上的成功人士，而且，他们能将自己装扮成任何社会阶层的典型形象，在对待婚姻上，他们也是讲究“有用”。基于这两点，我们可以找一个男性的成就型的代表，就是阿里巴巴集团的创始人马云。

马云就是一个西装革履的老板形象，穿着考究，成为《商界时尚》等杂志封面人物，在阿里巴巴举办庆祝公司十周年的晚会上，他便以“雷人”的嬉皮士的打扮演唱。而此前马云曾当众扮演过白雪公主、打过猴拳等。

在对待婚姻上的态度，马云也具有成就型人的特点。马云的妻子说道：“马云有一次跟雅虎公司CEO杨致远闲聊，杨致远问起了我，马云这么告诉他：‘张瑛以前是我事业上的最佳搭档，我能有今天，她没有功劳也有苦劳，我也一直将她当作生产资料。但现在我觉得，作为太太，她更适合做生活资料……，这话后来传到了我耳朵里，绝对不是杜撰——也只有像他这样满脑子都是事业的男人，才会把自己的太太也当作资料。不过，当生活资料的日子并不坏，在家的日子虽然平淡，但是每个收获都值得让我再三品味。”从马云的身上，能够反映出成就型人格对另一半讲究“实用性”的特点。

关于成就型人格的女人，最典型的代表就是电视剧《粉红女郎》中的“男人婆”。“男人婆”帅气干脆，果断利落，爱恨分明，要工作不要婚姻，动不动就为朋友出手，特别仗义。她的可爱之处在于她的质朴、仗义，且很率真。在跟别人谈判时，表现得很是硬朗，也很坚定和自信。

因为不太注重爱情，也不太会处理爱情，所以她把更多的时间放在了工作上，因为她认为有钱了，事业稳固了，一切就很踏实稳定。

对于成就型的人来说，可以成为杰出的经理、销售人员、传媒人士、广告业务者或者形象工作者，还适宜从事那些把想法付诸实施的工作，例如包装、宣传、市场推广。他们是说干就干，执行力很强的人，倘若让他们坐下来精雕细琢一件物品或作品，那他们是坐不住的。所以成就型的人更适合当记者，而不适合当小说家；更适合当美编，而不是那些要花上好几个月或更长时间才能完成一件作品的艺术家。

成就型人格是怎样形成的

某公司的业务部经理就是成就型的人，他坚信“一切都有可能达成”。在经历了一些挫折和一些学习之后，他逐渐清楚自己的价值观，相信生命不是一个享受的过程，而是一个不断迎接挑战的历程，提升自己的过程。在解决困难和历经挫败的同时，也收获了成长的美妙经历。他说，他很希望能在这个社会中充分地发挥自己的能力，最后才能死而无憾。他希望有自己的公司，一个能常青的公司，而不是只能赚更多钱的公司。可是，现在他有了这样的感触：除非能够真正审视到自己的缺陷，否则就不能提高。有时候自己像是在建造楼房，盖着盖着，因为急功近利，就提前盖好了屋顶，可是，正因为这屋顶，妨碍到他将楼层盖得更高，破坏他的进步。

成就型的人关注手边的任务，他们在工作领域非常投入。成就型的人总是以销售自己取代了成为自己，这种永不停止的规划将自己当作商品推销的现象，正是让他们疲于奔命的真正原因，而这种比他们真正付

出的劳力更令他们疲惫，这正是美国心理学家弗洛姆所谓的“注重行销”的生活方式。根据弗洛姆所说，这种人“关心的不是他的生活及幸福，而是如何变得畅销，就好比摆在柜台上的旅行包一样”。于是自然而然的，成就型的人会想着追求高价，他们不愿意被遗留在贮藏室里。

当他们还在孩童时，他们一定经历过因完成了某项事情而获得父母称赞的情形。这种情形带给了他们非常好的感受，以致后来，他们会为此而持续地努力，不遗余力地去完成一些会得到父母赞赏的事情。每次他们得到赞赏后，他们便会不自觉地去寻找下一项要完成的事情，久而久之，这个循环就会变得越来越短。他们会不断地完成事情，不断地得到赞美，又再完成事情，然后再得到赞美。

第二节　“随便”是个好同志——平和型人格

什么是平和型人格

倘若你具备了下列的特征，那说明你就是一个平和型的人。

你从小就认为，自己在家庭里面可有可无。或许是因为父母生活压力太大而忽视你，要不就是因为家里孩子太多，你活在兄弟姐妹的阴影里。说的话从来没有人听，你表达的想法说了也等于白说。

当你很小的时候，你不会因为跟一个小伙伴熟络了，而孤立另一个小伙伴，也不会被一个伙伴拉拢过去一起反对另一个伙伴，你会拉着大家一起到自己家里来玩。

在你上学的时候，每次考试，你都会在一些小题和细节上耗费过多的时间，直到快要交卷的时候，你才发现有太多的问题还没有答完，于是你在短期内飞速地完成那些剩下的大题。尽管你特别不满意老师布置太多的作业，可是，你决不会出面跟老师提出这个问题，而是选择磨磨蹭蹭、消极怠工的方式来表达自己的不满。

工作中，你不会参加同事们的小帮派，但也不会反对他们的帮派。在你看来，大家在一起和和气气才最好，假如是分帮结派，这会让你自己觉得不舒服。你不懂得拒绝，很少对朋友的请求说“不”，你担心一旦拒绝别人就会伤害人家的感情。

你最惆怅的时刻，就是让你发表自己的意见。因为你总是以别人的意见为意见，以别人的需求为需求，总是过度地投入到他人的愿望之中，将精力分散到不重要的事情上。你自己的生活没有什么新鲜感，你常常看电视，还可能会暴饮暴食。

你是一个完美的调停者，一个好好先生，你往往会说这样的话：“古语有云，冤冤相报何时了呢？大家一团和气，和气才是生财之道嘛，万事都应该以和为贵。所谓‘忍一时风平浪静，退一步海阔天空’，大家心平气和，坐下来喝杯茶，这样一团和气该有多好啊！”你经常被人说成是“和事佬”，劝人忍让、避免纷争的话是在你嘴里出现频率最高的话。

平和型的人给别人的感觉就是友善、易相处，没有过多的意见，所以也不爱做决定，别人说什么他都说好，谁也不得罪，也不轻易给别人建议。平和型人格就是我们生活中的“老好人”“好好先生”。

你可以细心观察一下身边的朋友，可以从外在的形象上判断出平和

型人格来。一般来说，平和型的女性给人的感觉是亲切的，而平和型的男性给人的感觉是忠厚的。平和型的人很少表现出急躁的样子，他们一般行动速度非常缓慢；与人交谈的时候，他们的眼神平视或向下，说话声音很轻，节奏稍慢；喜欢用试探式、询问式的说话方式而非肯定式，他们习惯征询别人的建议，我们经常从他们的嘴里的听到的是“随便”“别太认真”“你说呢”“你定吧”。在服饰的穿着上，他们的服装一般都显得舒适、宽松、自在、随意，可是，倘若为了赢得他人认可、为了讨好他人，也可改变。

平和型性格的形成是因为从小受到忽略的原因，在家庭里不受重视，他们基本不具备话语权，即便说了也没有人会听。他们一定要去听从别人，长期如此，他们忽视了自己，忘记了自己的喜好，不去想自己的需求，更没有自己的意见，完全听从别人，是“应声虫”“跟屁虫”的角色。

平和型人格表现

在现实生活中，平和型的人有自己的优点，也存在诸多的缺点，例如，他们做事的时候一般需花长时间去做决定，难以拒绝别人，不懂得发泄情绪。而且这种人缺乏主见，宁愿配合其他人的安排，做一个很好的支持者。因为这种人与世无争，渴望人人能和平共处，所以在群体中是很不显眼的一个。

在《西游记》中，你记得沙僧什么时候表达过自己的意见？什么时候坚决地提出自己的主张见解？在取经的路上，沙僧是三个徒弟之中最不显眼的一个，没有个性，能力一般。孙悟空担负着消灭妖怪、遮风挡雨的重任，倘若他要是不在，就是八戒顶上去，而沙僧总是在最后，不过，他最大的优点就是起着必要的协调与凝聚的作用，能在群体之中充当和事佬的角色，对人止争，于己顺从。有一次，唐僧要为徒儿们化斋，悟空、八戒都不同意，唯独沙僧看出师父的心思，他说："师兄，不必多讲。师父的心意已决，不必违拗。倘若惹恼了他，即便是化斋回来，他也不吃。"在取经的道路上，孙悟空曾负气离开，八戒也想着回高老庄，唯有沙僧从来都是不离不弃，一直跟随着唐僧。这是因为平和型的人的特点，他愿意配合别人的安排，是一个很好的支持者。所以，只要取经的目标还存在，只要唐僧这个"主心骨"还在，他通常都不会中途离开。

沙僧这种类型的人是见不得冲突的，无论是谁对谁错，他都希望避免冲突，要心平气和。他总是想方设法协调好悟空和师父的关系，倘若师父要念紧箍儿咒，经常是沙僧苦劝方罢。八戒动辄闹"散伙"，悟空一听就恼火，开口便骂，举棒便打；沙僧却抓住八戒呆直而自尊心强的特点，劝说道："二哥，你和我一般，拙口钝腮，不要惹大哥生气。且只捱肩磨担，终须有日成功也。"这话悟空听了自然感到舒服，八戒听了也容易接受，从而消弭了可能引起的矛盾。

可是，平和类型的人温顺的性格也是一种缺乏闯劲和魄力的表现，他们难以从纷繁复杂的事情中做出明智的判断，而采取果断的行动，好比孙悟空火眼金睛能分辨出是人是妖，而猪八戒善于适应不同的环境，沙僧却不具备这些本事。

所以，你若一直都是一个"好好先生"，有着像沙僧一样能力一般、看起来不起眼的特点，那最适合的工作就是办公室的工作人员，每天根

据日程安排、协议以及公认的程序进行。你不适合的工作则是需要光鲜形象、不断自我推销的工作，也不适合工作程序会随时变化的行业。

在个人的工作生活中，平和型的人普遍比较甘于现实，不求调整，为人比较被动。倘若事业发展得不太好，他们还有颇为强烈的宿命论，过分强调别人处境的优越，逃避问题。

倘若你属于平和类型，你就可以向沙僧学习，默默地做那些力所能及的事儿；行李都是他一个人挑，从来没有因为两位师兄不挑担而抱怨过；照顾唐僧的生活起居这些琐碎而平淡的事，他都处理得井井有条；当两位师兄去降妖的时候，他默默地肩负起保护师父的重任；当妖怪来袭时，明知自己的本领低微仍要挺身而出。即便能力平平，但一样取得了真经，对于平和型的人来说，这就是一个很好的榜样。

真实的自我，你或许不会去爱他们。这就意味着你应该成为你自己的主人。乍看上去似乎有点儿自相矛盾，唯有表现出你的独立，才能在别人需要你的时候发挥出应有的才能。

平和型的人强调稳定，想与人保持和谐，喜欢维持事物的现状。对他们而言，世界上没有什么了不起的事情。他们经常避免冲突和痛苦，比较散漫，不喜欢运动，因为他们觉得一动就会不稳定。他们企图以不变应万变，躲避某些混乱，可是结果却脱离了真实的世界。他们逃避突发的情绪比较严重。他们相信等到黑夜过了，黎明自然就会回来，“山重水复疑无路，柳暗花明又一村”，所以不需用忧虑、担心，一切水到渠成，没有什么事值得大惊小怪的。他们为避免冲突，宁可牺牲自己独特的感觉，从而导致了自己活得平平淡淡，没有情绪。

他们由于宽容、不记仇，所以经常能够保持自然、稳定的情绪。他们经常逃避负面的感受，一旦有负面的感受，根本就不去碰触，除非真的是别人太过分，否则他们是不容易有太多感受的。

他们经常掉入执着的陷阱——自贬。因为他们的生活期望都不是自己定制的，而是依循文化、传统、风俗、习惯而去适应的。所以，他们不关注自己内心的需求，也不求发展自我。他们不觉得自己有个性，只觉得自己是个平凡人而已。

因为生活在自以为满足及自得其乐之中，所以，他们总是自我陶醉，不积极也不想留心任何需要和感受。生命中没有变动，可是，他们却特别满意，通过乐观的三棱镜看世界，怎么看怎么美好。

平和型的人要想改变自己的性格，首先要认识这些缺点。在提升自己性格的时候，要学会自我检查，看看自己的身上是不是存在以下几点：

◇遇到有冲突的事情，尽量不去插手，因为实在太麻烦。

◇倘若能够拥有一个顺意、舒服的空间，让自己舒适地待在里面，不知有多好。

◇每个人的见解都会不同，那有什么关系，反正我以大家的意见为意见。

◇生命哪有那么枯燥？每天悠游自在、得过且过有什不好？

◇别人看我好像永远风平浪静，淡定、沉稳又随和，其实有时候我也会多愁善感。

◇老天，怎么总是有冲突的场面？等一下有机会我就开溜。

◇怎么还有那么多事情要去做，我真想去睡觉。

◇其实我也喜欢思考一些问题，只是不善于说出来罢了，倘若我说了，你会惊讶我的智慧，我不是脑袋空空。

◇人为什么一天到晚都在追逐名利，实际上又争到了什么？我

宁愿享受自然，这种境界安全多了。

◇打打球、爬爬山、赛赛跑，汗一出多舒服！

正确认识自己的性格缺陷与存在的问题后，在改善自己性格方面要重点做到以下这些：

▽养成每日写下自己要做的事情的习惯，工作结束后重温自己做了些什么。

▽与一些鼓励你表达自己想法的人待在一起。

▽不要认为别人比自己聪明。

▽留心自己不知不觉地去同意别人的想法的习惯，问一问自己的观点到底是什么。

第三节　不可救药的乐天派——开朗型人格

什么是开朗型人格

开朗型的人天生乐观，追逐新鲜感，不喜欢承受压力，讨厌负面情绪。他们想过愉快的生活，懂得享受生活，喜欢自娱娱人，能将人间的不美好化为乌有。他们喜欢进入快乐及情绪高昂的世界。所以，他们总是不断地追寻快乐，体验快乐。他们热爱自由和自主的生活，而且对所有新鲜的事物敞开心胸，没有什么是可以让他们感到厌倦的。

欲望特质：追求快乐。

基本思想：倘若自己不带来欢乐，就没有人会来爱我。

主要特征：乐观，要新鲜感，追求潮流，害怕承受压力，讨厌负面情绪。他们活泼好动，经常活蹦乱跳，喜欢探求新事物。他们爱自由，不喜欢别人管束，不喜欢遵守规矩，为人乐观，他们多姿多彩地体验四周且总是惊喜于万物的美好。

主要特质：快乐热心，不停地活动，不停地获取，害怕严肃认真的事情，多才多艺，对玩乐的事特别熟悉亦会耗费精力去钻研，不惜任何代价要以快乐、健谈、嬉笑怒骂的方式对人对事。

世界观：认为这个世界充满了刺激性的事物和体验，人生的目的在于追求快乐，可“好玩”更是他们做事的动力源泉。

行为动机：外向好动，活泼开朗，精神饱满，兴趣广泛，经常想办法去满足自己想要的，爱玩、贪新鲜而怕作承诺，渴望拥有更多，倾向于逃避烦恼、痛苦和焦虑。

潜在恐惧：自己的时间和空间被别人占有，受人束缚。

潜在欲望：自由自在地去追寻刺激和乐趣。

生活风格：爱叙述自己的经验，喜欢寻求开心，人生有太多开心的事情等着他。

人际关系：开朗型的你，乐观、精力充沛、迷人、好动、图新鲜，“最要紧的是玩得开心”就是你的生活哲学。你特别需要生活有新鲜的感觉，所以，尤其不喜欢被束缚、被控制。你的活力是玩的活力，又跟成就型有所不同，相信你是活动的引领者。

性格倾向：外向，主动，乐观，贪玩，缺少责任感。才华横溢，兴趣广泛，不喜欢被约束，乐于探索。力求避免痛苦，贪图经历和享乐，

对有兴趣的事物很入迷。有吸引力，让人无从防备，喜欢美食、娱乐、旅行或同朋友谈天说地的美好享受。不善于打理繁琐和细节的事情，但是个快乐、热心、思想正面的人。

开朗型的人做事缺乏耐性，因为他们都害怕闷。不耐烦之余，他们很容易冲动行事，因为他们所做的事情很少有周密的计划，想做就去做。但这类人必须要小心，就算遇上一件非常喜欢的事情，也不要沉迷，因为要顾及自己的身体及其他事情。

小强活泼开朗，外向大方，喜欢与自己看得顺眼的陌生人聊天，想从新鲜的事物中追寻乐趣。他兴趣广泛，喜欢追求新鲜刺激，比如做极限运动，爱玩。但他经常躲避痛苦，每次都是先玩后学，经常赶作业临时抱佛脚。他有很多爱好，每种新鲜事物都能给他不同的乐趣，例如打篮球、游泳、玩电脑游戏，这些娱乐占据了他大部分的时间。他很怕自己的时间被别人占用，有不想做的事就一推再推。

开朗型的人要想改善自己的性格，首先要正确地认识这些缺点。兴奋的感觉会在他们心中停留好久，或许喜欢分享给别人，至于别人爱不爱分享，他们不太在意。对于细心、持久、耐久的事情，他们没有耐心，因为他们不喜欢有觉得累的感觉，所以经常虎头蛇尾，让别人为他们收拾残局。这时候别人埋怨他们，他们也不会生气，幽默几句就跳开了。

开朗型性格的形成

那么开朗型的性格是怎么形成的呢？专家认为开朗型的性格的形成原因有可能是这样的：开朗型的人几乎都能够回忆起一段快乐的童年时

光，可是，一旦追问下去，却总是揭示出痛苦的窘境。简单来说，他们的童年都有相同的特征：父母离婚，自己被抛弃，在亲戚间游走，或是单纯地只是不受到重视，这一切令他们察觉到世界是可怕而痛苦的。

当下的那一刻，他们单纯地否定了痛苦，调整了个人心态继续玩乐，也是从那时起，他们开始学会了伪装自己。为了维系世界一切美好的形象，他们避免真心投入生命中可能面对的心理弱点，也逃避渴望、失落和悲剧，即便他们活力十足，经常鼓舞人心且怀有大志，可是，他们却缺乏内涵，无法发觉自我的心灵面，于是他们创造各种选择，以避免责任与义务。

开朗型的人是个金童子，深信自己会受到特别的祝福，由于天资聪颖，他们大致都能够克服平凡生活中的磨炼与苦难，但就像领袖型的人高估了自己的威力而低估了别人的力量一样，开朗型的人也会因为过分地重视自己的聪明而低估了别人的智慧。

开朗型的人所看到的世界，到处充斥着规范，计划很多，经常令人感到约束和痛苦。所以，他们相信唯有通过追求自由和快乐，才可以躲避痛苦、脱离规范。他们所期望的生活，必须有大量不同的选择、丰富多彩的经历和更多可能性的人生。他们认为，每天都满载欢乐和正面体验，才活得有意义。

开朗型的人害怕被别人被冷落，所以，他们会陪在别人的身边一直说话，以致令别人讨厌。他们时常处在高昂的情绪里，别人一见到他们，就会看到他们笑嘻嘻，充满快乐，因为他们一直希望自己永远是快乐的人。心里有一点儿苦恼对他们来说都是残忍的事情，他们会尽可能地把烦恼抛开，而不想陷入这种令他们不舒服的局面。听到有关自己的事情就会打断别人的谈话，很迫切地述说自己的想法，但不会对别人要求严

格，比较不束缚他人。他们对于亲近的人会有强烈的要求规则，倘若对方很开放、不负责任，就无法原谅他人，而自己内心也相当痛苦，表面是相当开放，但实际上心里是相当重视社会规则，相当的保守。

他们不太会发觉别人的长处与优点，喜欢活在自己的空间里。倘若别人表现出不喜欢他们的态度，那就打击到了他们的自信心。他们自尊心极为强烈，希望自己所做的事能让别人喜欢，所以，当别人拜托他们时，他们很难拒绝，结果就是即便把自己弄得不快乐，但仍旧会尽力达到完美。

他们对于家务只能说是普通的打理，并没有达到完美的程度。除非有人来造访，他们才会从头到尾做得很彻底，因为他们害怕做不好别人会给予他们严重的打击。他们去拜访他人时，希望得到别人的尊重，就像自己尊重别人一样。假如别人的家里是脏乱的，他们的心里就会很不舒服，会以为这是别人的不对，认为没有尊重他们。

他们喜欢那种感性的对话，只要是自己喜欢的话题，只要是感觉很美的时刻，他们就会变得滔滔不绝。有时候他们也很任性，不顺着他们的心就不快乐，他们不快乐，现实结果必然会殃及池鱼。所以，遇到想说的事就会一时冲动说出来，想后悔却来不及了，可是，他们会想一些合理的借口来让自己原谅自己。

如果你是一个开朗型的人，在改进和提升自己的性格上就要注意以下这些要点：

◇在完成一件事情以后，才会着手做另一件事。

◇学会接受批评。

◇明白乐趣只是做事的一半，时刻提醒自己或许只知道事情的一半。

◇不要被层出不穷的意念所吞噬，学会慢一点去欣赏每一件事。

◇学习自律，做事要井然有序，编排好工作次序。

◇小心自己自圆其说的习惯。

◇学会聆听。

◇把一切想得太完美是危险的，尝试从另一个角度想想潜在的问题。要知道，不去想问题不等于问题就不复存在。

◇切忌信口开河，不要为了一时的气愤而说了些自己负不起责任的话。

◇有时要让自己冷静下来，观察一下周围，你可能会有更大的启发。

第四节　同志们，跟我来
——领袖型人格

什么是领袖型人格

领袖型的人追逐权力，讲究实力，富有正义感，喜欢做大事，是绝对的行动派，他们一碰到问题，便会立刻采取行动去解决。他们追求独立自主，一切靠自己，按照自己的能力做事。他们要建设前不惜先破坏，这样做只是想带领大家走向公平、正义。

领袖型人的人格特征：领袖型的人果断，有时具有攻击性，对生命秉持着“一不做二不休”的态度。他们往往是领袖或是极端的孤立者，善于关心、保护朋友，他们清楚朋友在想些什么。他们关心正义和公平，并且乐意为此而战。他们人格外向，追求享乐，从和朋友喝酒作乐到理性的讨论都有。他们能察觉权力所在之处，让自己免受他人的约束。他们具有支配力，会忠诚地运用自己的力量，并毫无倦怠地支持有价值的事件。

欲望特质：追逐权力。

基本思想：倘若没有权力，就没有人会爱我。

主要特质：具有攻击性，以自我为中心，藐视懦弱，尊重强者，能为备受压迫的人挺身而出。冲动，有什么不满意会当场发作，依靠主观、直觉。

世界观：这个世界充满了挑战，我要做一个奋斗不止的人，运用我强大的自信和意志力战胜环境，贡献社会，锄强扶弱，打抱不平。

行为动机：希望在社会上与人群中有作为，并充当他们的领导者，个性冲动，权威自信，有正义感，自强不息，爱出风头，喜欢替他人做主和发号施令。

潜在恐惧：被别人支配或是掌控。

潜在欲望：自己当家做主。

生活风格：爱发号施令，说话大声，有威严，有报复心理，爱辩论，靠意志来掌管生活。

人际关系：领袖型的人基本上都有以下特质：率直，不拘小节，自视甚高，遇强则强，富有正义感。他们清楚自己的目标，并努力前行。由于不愿被人控制，而且具有一定的支配力，所以他们很有潜质做领袖带领大家。但是由于他们都比较好胜，有时候会对人有点攻击性，让人感到压力。

性格倾向：外向、主动、乐观、冲动、专制，有正义感。重视权利，较为独断，并且控制喜欢的空间和领域。否认自身的弱点和缺陷，充满活力，向往刺激和精彩，情绪容易失常，相信“强权就是公理”，会让别人误以为专横霸道。喜欢掌控大局和授权给别人，但却不喜欢被掌控。会保护、支持自己的朋友、家人和下属，但很难听从别人的意见。喜欢被人尊重而不是被人喜爱，是一个坚强、自信、果断和会马上采取行动去解决问题的人。

领袖型的人往往身兼领袖身份，可以全权安排，也可以指挥他人。因为他们的行动力比较强，有时候会给人侵略之感，而这个也是他们本身的动力源头。他们很有争胜及控制的欲望，应该小心地运用，不要为之伤害别人。除此之外，他们专向难度及规范进行挑战，就是“明知山有虎，偏向虎山行”。

王某是一个领袖型的人，他爽快利落、潇洒、言而有信，为理想赴汤蹈火，在所不惜。可是，做事经常冲动，不经过大脑思考就行动，好打抱不平，好管闲事，经常惹得一身麻烦。他有时候故意惹人生气。违背道德良心的事情，领袖型的人很是鄙视。他们要公平、公正，会以身作则。他们喜欢汲取别人的经验，像海绵般不断地吸收，充实自己。他们包容性强，有理性。只要别人说得有理，他们就会采用。他们是不拘小节、直肠子、热心又很有自信的人，经常不自觉地支配别人，具有领导的性格，也经常否认一切事情，都认为自己是对的，伤了别人还不知道。但是他们内心是脆弱且多

情的，也需要别人的呵护，可是通常不讲出来。他们表现出来的都是勇敢的一面，任何事情都一手扛，让人感觉他们很坚强。

领袖型人格是怎么形成的

领袖型的人属于强人，具有领袖气质。他们多有超强的能力，而且善于利用自己的长处，毫无保留地支持自己认为有价值的事情。他们胸襟坦荡，独断专行，攻击性非常强，而这种攻击型又经常是对付强人的。他们不屑与弱者进行争斗，有时候会对弱者表现出舐犊般的爱心，他们愿意保护弱者。“顺我者昌，逆我者亡”是这类人的典型特点，所以，他们往往成为领导核心。可是，他们没有对手时就会独孤求败，内心常常感到异常寂寞和孤独。

专家认为，领袖型人格有可能是这样形成的：领袖型的人坚持保留控制权，以抗衡滥用权力的人，保护那些不能自卫的人，并为有价值的事业而战。与此同时，他们也否定自己必死的命运和易受批判的弱点。他们往往都能说出抗争不公或者别人任他自行其是之类的故事。

他们小时候或许曾遭受肉体上或精神上的打击或是虐待。年长的手足长期无尽地压抑，父母嘲笑他柔弱的情感或欲望，老师取笑他的成绩低劣，邻近的恶霸挑选他作为被欺负的对象。有时，这类人的全家被迫对抗不平等，比如种族歧视、贫困，或者也有可能在幼年时期与病魔斗争。但无论是哪一种情况，每个领袖型的人都得到了相同的信息：不还手便是死路一条，于是他们决定绝地反击。

年幼的他们于是下定决心，想生存就必须从无力和牺牲的角色转变成强势的掌控者。羞辱感或是剥夺感让他们认识到，一定要为自己站出来，因为表现软弱或敏感只会为自己带来麻烦。

领袖型的人认为，唯有强者才能生存。他们受到环境所迫，随时磨炼自己的战斗技艺。很多领袖型的人年幼时是麻烦而粗暴的孩子，经常闯祸，他们时常进入校长室，他们之中很多人在为正义而战的伪装下，加入了帮派。其他的领袖型的孩子则在学校表现突出，不少人后来成为握有大权的重要人士。但也有不少领袖型的人为受压迫的弱者挺身而出，向那些权威挑战，在商场上叱咤风云的人或是一些政客及激进分子身上都有这类型的影子。因为他们年纪轻轻就学会了让自己拥有如钢铁般坚强的内心，以对抗任何脆弱的情感。所以，在长大成人后，他们经历的大起大落比大部分人都要多。

领袖型的人希望获得爱与关怀而得不到，却学到了必须要坚持自己的见解，才会得到大人的反应。所以，他们开始挖掘自己的潜能，并勇于发表自己的看法，而在能力的表现上也渐渐地得到大人的肯定，这也强化了他们发展能力的需求，进而变得越来越相信自己的能力，所以他们一般不求人。

当你试图去了解领袖型的人时，你就会发现他们未必认为自己是丛林之王，反而自认为是只宽厚爱嬉戏的大猫，带着一丝单纯的天真。所以，他们或许会轻易受伤，比如当场批评他们麻木或是顽固，对他们的伤害远远超过了直接的一拳。他们反对人们把他们定格成麻木凶残的人，他们认为“我比别人认为的更容易受伤，更敏感”。同时他们一再勇猛地击出他的拳头，直到你了解为止。

在领袖型的人还是孩童的时候，他们眼中已经看到了很多不公平和不公义的事情：所有人的举动都是出于欺凌的心态，包括父母也恃强凌弱、借势欺压自己。每当他们遇到这些不愉快的场面而自己又无能为力

时，他们就会感到深恶痛绝，并决定等待长大后，即自己有能力的时候，绝不再容许这些欺压事件再次发生。即便如此，童年时的他们也不会轻易显露内心的那份霸气，因为他们清楚，倘若他们处处呈现强者的风范，其他的小朋友就不会接受自己，反而会因此失去了玩伴。但另一方面，他们仍不会轻易表露自己天真的一面，全因他们相信，天真等同脆弱，不是强者应有的态度。

另一位领袖型的人指出，他的强者本色在中学时才表现出来。小时候他不敢逞强，特别是在学校里，因为他曾目睹过一位同学在展示领袖的指挥力量以后，换来的却是同学们的排斥，他害怕成为另一位被排挤的人，所以，他克制住自己内在的能量。等到了高中时，他感受到不论是知识上还是体型上，他在学校中都比较突出，他有信心可以掌控一切，而锄强扶弱的气势便显现出来。每当遇到有恃强凌弱的情况的时候，他自然肩负起主持公道的角色。假如有一方不顺从，他就会直接斥责，并振振有词地说出自己的见解，对方会被他的霸气压倒而妥协。

针对领袖型的人的成长经历，九型人格专家曾对这类人提出了一些成长建议：

首先，你很难屈服于别人，但你应该学会去做，最起码要做到偶尔向别人屈服一下。

通常情况下，很少有什么性命攸关的事情。所以，你可以允许别人有自己的方式，不必担心这样做会牺牲自己的权力，或者牺牲你真正想得到的东西。总是想支配每个人的欲望，说明你的自我已经开始膨胀了，这是个危险的信号。倘若你不适当地屈服一下，你会不可避免地与别人发生更严重的冲突。

其次，你要谨记，这个世界并没有非要跟你过不去。

生命里的很多人都在关心你，尊敬你。可是，你内心的“固执”状态让别人的关心和尊重变得微不足道。让近在咫尺的感情进入不了你的内心，这样做并不会让你变得软弱，相反，它会巩固你的力量，支撑你和你的人生。另外，觉得别人跟你过不去，你就跟别人过不去，这样做的后果是你与他人会疏远。你要知道谁是真正站在你这一方的人，然后要让他们知道他们对你有多重要。

再次，即便你讨厌这样那样，可是你做事时还是应该有自制力。

当你忍不住想把自己的意愿强加于别人的时候，甚至真的有能力实行的时候，你显示出的是不折不扣的强权。你真正的力量就来自你激励、鼓舞别人的能力。你掌握着权力并能帮助别人，这时候你的感觉才是最好的。你关心一下别人，也没有人能占你什么便宜。你向别人展示自己博大的胸怀，而不是展示赤裸裸的强权，能让别人保持忠诚和奉献精神。

领袖型的人能够掌握别人的行为情绪，支配别人。他们知道问题的根源所在和现实性，能够进入问题的中心，帮别人看到别人看不到的地方，很有建设性。他们有权威，工作认真，喜欢挑战，有困难的时候最能施展、发挥他们的才能。他们充满活力，天真烂漫，无所畏惧。他们值得别人信赖，对于欺骗他们的人，他们是不能容忍的。他们能将适当的压力施加给别人，并能帮助别人成长，是天生的领袖，他们也能让自己的理想传递给别人。他们心态乐观，对生命积极，宽怀大度，有勇气，能直接和他人来往，不复杂，会让人感到安全。所以，他们被视为英雄人物，让人尊敬。

可是，领袖型的人也有很多缺陷，他们具有攻击性和破坏性，自我过分膨胀，无法赞同他人，喜欢掌控他人，漠视他人正当的需求和权利，甚至为了达到目的而不择手段。在生活和工作中，常常表现为抗拒、不

合作。他们与现实是敌对的，自始至终都喜欢对抗，以好战为荣。他们很会做事，很有权威，不喜欢碰柔弱面，不喜欢让女性抛头露面。他们需要有较多的肯定，他们需要生命中的每个细节和全部，以权衡内部的恐惧、枯燥、寂寞，他们需要强烈的活动，比如赛车、飙车。他们有时会愤怒，打到别人就像打到自己一样，对自己与他人都有处罚的心情。他们拒绝倾听，不愿意他人占便宜，不愿将别人的负担放在自己的身上。他们容易将他人视为弱者，常常会为了保护弱者而做出欺压另一人的事。

那么领袖型的人该如何改进善于提升自己的性格呢？首先，他们要能坦然地面对自己对有些事确实是无能为力的事实，承认自己不是万能的，还要学会谦虚，因为谦虚才能产生更大的力量。另外，在提升自己性格进步的方面，要注意以下事项：

◇留心自己经常爱责怪别人的坏习惯。

◇将每日的自省写下来，可避免自己“否认”及“忘记”。

◇学会接受沉闷及恐惧，不要急于去争取即时的满足感。

◇经常询问身边的朋友或同事：“我是否过分了？”

◇当遇到令自己愤怒的事时，要学会放松，可以做深呼吸几次。

◇当自己冲动时，要学会静坐。

◇不要随意地破坏自己的人际关系，要相信今日的因会导致明日的果。

◇问自己这个仗值不值得打，问自己是否愿意承担导致的后果。

◇找出别人的优点及可取之处，而不是缺点及不足，然后劝导他们与你并肩作战。

领袖型的人能很容易地成为领袖，可也容易导致众叛亲离的局面，所以这类人尤其要注意：停止不顾一切地横冲直撞，奉献你的爱心，经常思考你所做的一切是否真的是为自己好，同时也是为他人好，那样你可以做个受人爱戴的大人物。

第五节　“鞠躬尽瘁，死而后已”——忠诚型人格

忠诚型人格的表现

倘若你具备下列特点，你或许就属于忠诚型人格。

小时候，你表现得异常听话，因为爸爸妈妈经常会这样说：“倘若你不听话，我们就不喜欢你了，我们就不要你了。”于是，你为了讨大人的欢心，即便有时违背了自己的初衷，你也会选择顺从。

犹豫不决是你最大的毛病。在遇到问题的时候，你的内心就会产生强烈的渴望：谁能告诉我，是对还是错？你的生活中需要有一个权威作为精神上的支柱，当你不知所措的时候，你希望他能指引你怎么做。唯有他在，你才不会害怕或是担心，所以，你甘愿放弃自己的“主权”来服从他人。这个权威形象在生活中可能就是你的父母，在工作中可能就是你的老板。

参加工作以后，你忠实于你的老板，做事尽心尽力。可是，你又一

直怀疑老板，怀疑他到底值不值得你追随，甚至怀疑他的能力。可是，你不愿改变环境，新的环境又让你觉得不安全，所以，你可能是公司的元老之一，不到万不得已的情况下，你绝不会选择跳槽。

尽管你是一个杰出的人才，人人称赞，可是你内心却非常痛苦，因为你凡事都往坏处想：没成功时，你会努力想要成功；等到快要成功时，你又惧怕成功，因为你想到成功后，可能还会带来很多的麻烦和问题。在你的思维里，经常出现这样的句式：是的……但是……你可能还会说："是的，我特别想成为一名优秀的演员，可是一旦成名之后，那么多的麻烦，就会没有自己的生活了。""的确，我特别想嫁给他，可是一旦结婚后，他可能就不会这么爱我了，而我也可能不像现在这么爱他了。"这种"是的……但是……"让你犹豫不决，在做一件事时总是拖延，而你也很难对一件事情做到善始善终。

忠诚型人的父母大多是粗暴、关怀并存的人，有时候异常粗暴，有时候又满怀疼爱。他们或许会因为孩子听话而疼爱他，或许会因为孩子不听话而责备他，这就使得孩子学会了服从。一个总是听话的孩子逐渐地就会失去了独立性，一旦面临问题的时候，就会变得六神无主，犹豫不决。所以，忠诚型人格的典型特点就是做事拖延、犹豫不决。

这一类型人的内心大多有这种心理暗示：自己听父母的话。可是父母有时候出尔反尔，有时候利用了自己听话的特点。例如，与兄弟姐妹在一起，自己最听父母的话，可是最后才发现原来还是不听话的孩子更有益，因此，他开始质疑父母，是不是因为自己太过于听话而利用了自己。所以，即便听话，也并不代表他们内心真的想要服从，而是他们在权衡听话的代价，考察对方值不值得自己服从。若是值得，能给自己带来保护，他们或许会特别的顺从，倘若一旦与所想的相反，他们或许就会站出来挑战权威。他们充满了怀疑，是九型人格之中疑心最重的一种类型。

忠诚型的人在说话时，通常会有肌肉拉紧、双肩向前弯的表现，有时甚至会显得紧张：他们在与他人交往的时候，尽量避免眼神接触，但是有时却瞪起眼睛盯着人看。他们讲话的时候声线略显颤抖、久久不步入正题，常常使用“慢着、等等、让我想一想、不知道、这可以的、怎么办、但是……”一些词语。

有这样一位语文教师，已经准备和相恋八年的男友结婚了。面对大家的祝福，她默默地笑了，可是在私底下，她却向朋友坦言，不知道该不该嫁给自己的男友。她说以前自己特别期待和男友结婚，也跟男友多次表达了自己的意思。可是，等到男友决定结婚的时候，她自己又开始犹豫不决，在他们交往的八年时间里，他帮她决定了很多事：工作、鞋子颜色、出游地点，甚至婚姻。说实在的，她特别依赖这样的男友，认为男友说的都是对的。可是，现在临近结婚，她却犹豫了，假如男友以后嫌弃她了，那可怎么办呢？另一个让她烦恼的事情是，男友喜欢看那些娱乐节目，经常看一整天也不厌其烦，本来以为这没什么，直到她突然意识到接下来的几十年里都将面对这样的男人的时候，她犹豫了：“我该不该嫁给他？”她像在问朋友，又好像是问自己。

我们听说过类似的一句话：“生存还是毁灭，这是一个值得思考的问题。”这是莎士比亚的戏剧中主人公哈姆雷特所说的话。实际上，哈姆雷特也是一个忠诚型人格，或者说是怀疑型人格。

《哈姆雷特》成功地塑造了一个背负杀父深仇的进退两难的悲剧王

子形象。当时，哈姆雷特得知自己的叔父——现在的国王就是自己的杀父仇人时，当自己的母亲依偎在仇人的怀抱里时，当心爱的女子背叛他时，他的心里充满了矛盾和痛苦。哈姆雷特实际上是一个犹豫、懦弱、多疑、没有决心的人物。

在工作生活中，忠诚型的人总是迟迟不愿意采取实际行动，因为在他们看来，失败承担的恐惧通常比成功带来的希望要大得多，以至于在行动上经常犹豫不决。

一般说来，忠诚型的人虽是人见人爱的乖乖仔、乖乖女，听话、孝顺，可是内心的犹豫不决和怀疑常常困扰着他们。就像哈姆雷特一样。所以对于这类型的人来说，不太适宜从事决策型的工作，他们不喜欢受人瞩目，喜欢安于现状，他们无法适应强大的压力，需要在毫无准备的情况下制定决策的工作。他们也不擅长那些需要和他人竞争且充满勾心斗角的工作。

忠诚者吸引人、让人心动、亲切可爱、友善、调皮、爱讨好人。信任对他们来讲是很重要的，是与他人相处并保持永久关系的基础。别人通常对他们很热情，并且想要帮助、保护他们。他们对认同的对象付出承诺和忠实，认为家人和朋友是重要的，这让他们认为自己“属于”某个地方。在现实生活中，他们借着合作、可靠、负责、值得信赖、苦干来回应他人。

拿破仑有句名言：“不忠诚于统帅的士兵，就没有资格当士兵。”时至今日，这一名言仍然具有深远的现实意义。在职场上，我们也可以说：“不忠诚于企业的员工，就没有资格当员工。”

在一项对世界 500 强企业总裁作的调查中，当问到“您认为什么是员工最应具备的品质”时，总裁们无一例外地选择了“忠诚”。由此可见，要想成为一个企业里不可替代的员工，忠诚是最基本的要求。

“钢铁大王”安德鲁·卡内基认为，一个企业能否发展，员工的忠诚度是个关键。卡内基的成功，正是因为他任用了这样的一批人：勇于也乐于承担责任，甚至为了维护企业的利益而敢于违反上司的命令。他相信这样的人是忠诚的。一位资深的人力资源经理说：“当我看到一些应聘人员的简历上写着一连串工作经历，而且他们在短暂的时间内频繁地更换工作，我对这个人的印象就会大打折扣，这至少说明这个人的适应性比较差，更重要的是，他缺乏忠诚和执着的精神。”美国西点军校有一句著名格言：像忠诚上帝一样忠诚国家，像忠诚国家一样忠诚职业。可是，忠诚不等于愚忠，也不等于简单地为企业效命。一个忠诚的员工，首先要学会忠诚于自己的职责，忠诚于自己的事业，把自己的职责、事业与企业的发展结合起来。一名忠诚的员工，不单单要有最起码的忠诚的信念和态度，更要有忠诚的行动。忠诚不代表一切，它应该与工作能力、上进心、团队精神等因素结合起来，才能体现其作用。

忠诚是一笔感情投资，也是一笔很大的长期投资，在短期内看不出实际效果，但总有一天，它会为你带来意想不到的成功。与此同时，也有一些人认为，在现代商品社会里，企业与员工之间不过是一种雇佣关系，所谓的忠诚，都是口头上说说而已，根本起不了什么作用，更与事业上的成功无关。赞同这种观点的人或许不在少数，可是读了下面这个故事，相信你会对“忠诚”一词有更为深入的理解。

获得比尔·盖茨尊重的女秘书

微软公司在刚起步阶段，员工基本上都是年轻人。这些人擅长

业务和推销，可是在内务、管理方面却缺少耐心，谁也不愿管，公司里总是乱成一团，严重影响了工作的效率，盖茨为此十分烦恼。当年的盖茨总是头发蓬乱、不修边幅，甚至没有一间像样的工作室。盖茨的第一任秘书是一位年轻的女大学生，她做分内的工作还算称职，可是对其他事务则不闻不问。盖茨失望之余，决定再找一位总管式的女秘书。这时，露宝的简历落入了盖茨的视线，盖茨决定聘用她。露宝做过文秘、档案管理和会计员等工作，后勤经验丰富，但她当时已42岁，并且是4个孩子的母亲。

在微软公司，露宝见到了21岁的比尔·盖茨。这个未脱孩子气的董事长给露宝留下了深刻的印象，同时也让她感到肩上的担子的重量。当丈夫知道她要去微软公司上班时，警告她说要留意微软公司月底能否发得出工资。可是，露宝却没有理会这个警告，她开始全心全意地为盖茨“打杂”。

这一切看起来都是小事，却突出反映了露宝的执着与忠诚，她也成为公司里一个不可替代的人，这从后来露宝的辞职事件中略见一斑。当时，微软公司计划迁往西雅图，露宝为了丈夫的事业而无法搬家。最后，盖茨和其他高管联名为露宝写了一封推荐信，高度评价了她的工作能力。凭借着这封推荐信，露宝找一份好工作当然不在话下。临别时，盖茨紧紧地握住了露宝的手，依依不舍地说：“欢迎你回来，微软公司的大门将永远向你敞开！”

三年后的一个冬夜，在西雅图微软公司的办公室里，比尔·盖茨正因后勤的工作不顺而懊恼着。就在这时，一个熟悉的身影出现在了门口。“我回来了。”这个声音比尔·盖茨再熟悉不过了，因为那是露宝的声音。她已经说服了丈夫，举家迁至西雅图，继续为微软公司、为依然年轻的董事长效力。

微软帝国的崛起，露宝实在是功不可没。年轻的盖茨影响了世界历史，而作为这位叱咤风云人物的秘书，露宝也取得了事业上的成功。在微软，没有人不对这位女管家充满了敬意。盖茨曾经说过，在他最艰难的创业阶段，是露宝为他扫除了许多的障碍，让他能够全身心地为事业打拼。

人才济济的微软公司，倘若真论起才干来，露宝或许只能算是一个平凡的中年妇女，是什么让她赢得了微软上下如此的信赖与尊重，从而迎来一段辉煌的人生呢？是机遇，或是眼光？都不是，是忠诚，这才是正确的答案。

第6章

成功人生的心理塑造

《易经》有云：“天行健，君子以自强不息。”这句话是指人要有百折不挠、顽强拼搏的坚韧斗志，奋斗不止、勇往直前的进取精神。耐得住艰苦，才能够奋力拼搏。唯有坚持艰苦奋斗，才能够获得事业上的成功。俗话说：“艰难困苦，玉汝于成。”艰苦奋斗是一种信念，更是一种精神，一种志向。在思想开放、理念更新、生活多元的时代，持艰苦奋斗的精神状态意味着保持一种生活准则、一种工作作风、一种利益观念，乃至是寻求一种高尚的奋斗目标和人类共同的价值方向。

第一节　在上百次的攀登中寻求前程——百折不挠

《易经》有云："天行健，君子以自强不息。"这句话是指人要有百折不挠、顽强拼搏的坚韧斗志，奋斗不止、勇往直前的进取精神。耐得住艰苦，才能够奋力拼搏。唯有坚持艰苦奋斗，才能够获得事业上的成功。俗话说："艰难困苦，玉汝于成。"艰苦奋斗是一种信念，更是一种精神，一种志向。在思想开放、理念更新、生活多元的时代，持艰苦奋斗的精神状态意味着保持一种生活准则、一种工作作风、一种利益观念，乃至是寻求一种高尚的奋斗目标和人类共同的价值方向。

新时期，新世纪，新千年的起点上，非典型性肺炎的传染病毫无预兆地席卷了中国内地、香港、台湾，甚至是全国很多省市。这是一种过去人们不了解的新型病毒、新型疾病，夺走了很多人的生命，就是在这个关键的问题上，我们国民展现了伟大的中华民族精神：团结互助，众志成城，友爱互助，和衷共济，不畏艰险，迎难而上。不断涌现出令人感动的人物事迹。那些白衣战士舍生忘死，在肆虐的疾病面前，在生与死的较量面前，他们战斗在抗击"非典"的前线，舍己救人，舍己为公。他们紧密团结，前仆后继，勇往直前。

所以，人就是要有一种不畏艰险的精神，就是要有一种乐观向上的精神，永不止步、自强自立、勇于拼搏、勇于进取；就是要有一种敢于开拓创新、锲而不舍、不屈不挠的精神。人有这种精神就会变得意志坚定，在失败面前不气馁，困难面前不低头，一不怕苦，二不怕死，去克服困难，争取最后的胜利，抗击“非典”、地震灾难就一定会取得成功。人只要自强不息，生命之火就能熊熊燃烧。

李时珍是明朝著名的医学家、药学家，为了减轻病人的病痛，他立志要编写一部精准可靠的药学书。虽然这一想法并没有得到朝廷的大力支持，可是，李时珍并不气馁。他游历四方，效仿传说中神农尝百草的做法，爬上高山，捕捉毒蛇，亲自试用具有麻醉作用的曼陀罗。他走访名家，广求药方，即便遭到一些人的白眼和讥笑，但李时珍毫不退缩。经过30多年的奋斗，终于完成了医学巨著《本草纲目》。

灾难砥砺我们不屈不挠追逐中国梦

当中华民族为了实现中国梦而信心倍增、奋勇前进的关键时刻，芦山强烈地震突袭而来，自然灾害又一次考验着中国人民。俗话说：“多难兴邦。”面对灾难，我们众志成城、自强自立、团结友爱，再次展开了争分夺秒的抗震救灾的斗争，再次创造了奇迹，再次奏响了砥砺奋进的英雄交响曲。事实又一次证明，任何艰难困苦都难不倒英勇的人民群众，任何大灾大难都阻止不了中国人民实现中国梦的步伐。

抗震救灾再次推助中国精神升华

“艰难困苦，玉汝于成。”越是在艰难的情况下，越是要加强人民群众同舟共济的凝聚力，越是要鼓起超越艰难险阻向前拼搏的精气神。中国精神是中华民族千百年来不屈不挠、勇往直前精神的凝聚与集中，正如黄河、长江哺育着一代又一代中华儿女，召唤着中华民族永不言弃、愈挫愈勇的时代强音。芦山抗震救灾的日日夜夜，无处不表现出中国精神的涵盖力和凝聚力，山河即便破碎，可是追求幸福生活的梦想并没有因此而破灭。家园即便满目疮痍，可是重建美好家园的期盼并没有因此而丧失。正是凭借着这种百折不挠的信念和精神，我们穿越灾难、砥砺奋进。

在爱国主义旗帜下，中华民族凝聚起磅礴的力量。爱国主义是民族精神的核心，是凝聚中华民族的精神力。在民族振兴的道路上，无数仁人志士抛头颅洒热血，抒写了“家是最小国，国是最大家”的“家国一体”的爱国情怀，把个人命运与祖国的命运紧密地结合在一起，一旦民族有难，就义不容辞地赴汤蹈火。中华民族所独具的“一方有难八方支援”团结互助的精神深刻地表现了仁爱、友善、互助的思想，也激发出了万众一心、共同克服困难的道义和责任。鲁迅曾说过：“唯有民魂是值得宝贵的，唯有它发扬起来，中国人才有真进步。”这样的民族之魂关乎民族的兴衰、国家的荣辱。

有这样一个人，以他自己的亲身经历给我们提供了事实胜于雄

辩的证明。

22岁时，他做生意失败；23岁时，他竞选州议员，又失败了；24岁时，他重操旧业继续做生意，又赔得所剩无几；26岁时，他的亲人不幸地死去；27岁时，他的精神濒临崩溃，几乎住进了疯人院；29岁时，他再次参加竞选州议员失败；31岁时，他竞选国会议员失败；39岁时，他竞选国会议员再次失败；46岁时，他竞选参议员失败；47岁时，他竞选副总统失败；49岁时，他竞选参议员再次失败。

这个人在51岁那一年竞选总统获得成功，成为美国历史上与华盛顿齐名的最伟大的总统亚伯拉罕·林肯。

林肯给我们的启示是，即便失败了，跌倒了，重新来过。实际上，这才是真正的百折不挠。百折不挠最完美的解释是，在尝试无数次失败后依旧不放弃，不断尝试。

很多人之所以总是与成功无缘，原因就是因为失败了一次甚至是几次之后，就对自己的能力产生了质疑，丧失了自信心，就回到了原来的路上去了。

而与此相反的是，失败是成功的奠基石，所谓的失败是成功之母就是这个意思。成功，是无数次的失败所积累下来的教训并加以改善的结果。

成功在人生遥远的地方，人生的近处布满了失败。所有的努力必然都要从失败中开始。倘若一个人认识不到这一点，那他可能离成功越来越远。

人生的哲学就是这样，即便你失败了一次，他也会告诉你这个方向走过了，就不要再重蹈覆辙，应该开拓一条全新的路前进。当你换过无数次之后，成功的坦途就已经铺到你的面前了。

第二节　贫穷是一所造就强者的大学——自强不息

用自强的精神推动时代的进步

一种能代表时代的精神，一种能代表民族的精神，必定会源远流长，能够持续为一个民族的发展提供源源不断的内在动力。那么，中国精神必定会是沉淀在中国人骨髓里的精神，沧海桑田，斗转星移，都不会随之变化。那么，什么才是中国精神呢？自古以来，中国就是一个文明大国。从郑成功收复台湾到邓小平提出的一国两制方针；从林则徐虎门销烟到全国警方抓毒品犯罪；从清政府的腐败无能到子弟兵驻守边关，中国经历了无数个不平凡的岁月，经历了无数个毁灭性的灾难。可是，中国人民英勇顽强，克服了种种磨难，重新站立了起来。60 多年前，毛主席在天安门的城楼上宣布中华人民共和国成立的那一刻，令全国人民永生难忘；60 年后，中国已经从贫穷、落后中走出来，成为经济高速发展、繁荣昌盛的文明大国，排在了世界的前列。那么，在目前的情况下，中国精神是否还在指引着我们的生活？自强不息是否还是我们精神的指引？答案当然是肯定的。

一个国家，一个民族的精神唯有在最危急的时刻才会爆发出来。面对天灾人祸，中国人民展现出温暖深沉的人性光辉。灾难来临的时刻，多少人把生的希望留给别人；在生与死的边缘，多少人把困难的抉择留给自己。强忍着悲痛，守望相助，君子自强不息，民族奋斗不止！

一个简单的名字，却诠释了他对人生的感悟，一名普通的年轻人，却感动了神州大地。

当我们还在父母面前撒娇的时候，当我们还无忧无虑地享受着快乐童年时光的时候，一个年仅12岁的孩子却用一副稚嫩的肩膀担负起了整个家庭的重担，他就是洪战辉。他一边勤工俭学，一边照顾患病年幼的妹妹，靠做点小生意和打零工维持生活，如今已经整整12年，他一直坚持着。这12年来，尽管生活得相当艰难，但他没有逃避，而是选择了勇敢地面对，以顽强的毅力坚持下来。

正如2005年感动中国颁发给洪战辉的颁奖词中所说的："在贫困中求学，在艰辛中自强，今天，他仍然文弱，但精神上他从来是强者。"

的确，他是强者，任何困难在他的面前都显得微不足道，在我们被他的事迹感动的同时，我们更应该注意多一些思考，多一些感悟。

从古至今，凡是成就大事的人，都是自立自强的人。一个人唯有不依靠别人，才能够自立，才能够走向自强；一个人唯有自强不息，才能够做到坚忍不屈，不畏困难与挫折，才能做到志存高远。

被誉为中国的保尔·柯察金的张海迪，在与病魔抗争的同时还在努力地学习，并掌握了几门外语，运用高超的针灸技术为群众治病，她身虽残，但却发出了生命中最大的光和热。

“艰难困苦，玉汝于成”的华罗庚，这位举世闻名的数学家，在成长的道路上，经历了失学、贫困、疾病等磨难。

自强不息是一种积极的人生态度，也是一种人生追求和人生境界，是对人生意义的一种深刻的认识和理解。一个人唯有对生活充满热情和信心，才能始终如一地坚持这种生命不止、奋斗不息的精神。

人的一生会遇到无数大大小小的挫折，即便挫折带给你重大的打击，那又怎么样呢，它已经是客观存在的既定事实了，我们唯有选择抗争或是消沉。谁都知道消沉的结果是自我的堕落、毁灭，我们必须选择抗争，才能走出阴霾，迎接生命的阳光。

人生需要自强不息的精神

《孟子》书云：“天将降大任于斯人也，必先苦其心志，劳其筋骨，饿其体肤，空乏其身，行拂乱其所为，所以动心忍性，曾益其所不能。”自立自强，需要经历风雨后才能见彩虹。倘若没有逆境的磨炼，我们就不会成长。比如，我们每一个人都是从一路跌倒中学会的走路，人生亦是如此，跌倒后再爬起来。这也就变相说明了我们都有克服困难的能力和勇气。那么，再次挺起你宽阔的胸膛迎接挑战，成功就在不远处。

时代召唤我们，祖国需要我们，作为炎黄子孙，我们需要时刻做好准备，自立自强，克服困难，努力完成学业，成功成才，成就辉煌而灿烂的一生。磨炼对于每个人来讲，都是一次难得的锻炼机会，经得起磨炼的人，才会让自己的人生更加有意义。人生的磨炼，是我们成功的基

石，更是我们人生的价值所在。

我们都听过这样一句话：“男儿当自强。”人就应该有毫不畏惧和自强不息的精神。生存的压力、学习的困难都在困扰着我们每一个人，唯有勇敢地接受挑战，才会获得最终的成功。成功不是谁比谁差，也不是谁比谁好，而是在于谁付出了更多的汗水和努力。

自强者未必都能够获得成功，而“不自强者”成功未之有也。我们一定能“自胜者强，自强者胜”。既然理想的种子已经种下，那么在汗水的浇灌和心血的培育下，我们必将会获得一定的收获。

自强离不开坚定的意志和坚强的决心，人生不会是一帆风顺的，人难免会碰钉子。这所谓的钉子就是挫折，唯有我们勇敢地克服困难，才能自强。

有人去向往和追求，可是困难却是人生不可避免的内容。正因为遇到各种困难，我们才要学会去克服，在克服困难中才会取得进步，人唯有经历这种磨炼才能真正品味到生命的意义和充满活力的人生。

“胜人者有力，自胜者强。”当我们取得了成功，却不能因此而骄傲自满，藐视他人。拿破仑是个顶尖的军事家，盛名威震欧洲，走向成功令他成为天之骄子。天之骄子的名声让他成为众矢之的，打江山对他来说实在太顺了，而坐江山并不是很成功，由于自已取得的辉煌成就而过分骄傲或是没有正确地面对成功，让自己没有牢固或稳固好自己的努力，终而被囚禁于孤岛中。

自强是我们克服挫折、战胜困难，正确面对成功、对待胜利的必备品质；是我们健康成长、努力学习、将来成就事业的强大动力。自强是我们民族几千年来熔铸的民族精神，正是因为这种精神，让我们历久弥新而不衰落，备受磨难而更加强大，豪迈地立足于世界民族之林。

人们常说："播下行为的种子，你就会收获习惯；播下习惯的种子，你就会收获性格；播下性格的种子，你就会收获命运。"有道是"闻鸡起舞早耕耘，天道酬勤有志人"。这让我们养成了勤劳的习惯，培养勤奋的性格，收获丰收的果实。

《易经》曰："天行健，君子以自强不息。"意思就是：自然的运动刚强劲健，相应的，君子处世，也应该自我力求进步、刚毅坚韧、发奋图强、永不停息。在中华民族的发展史上，不论是对人生崇高理想的追求，还是对陈旧事物的革新；不论是面对困难的态度，还是海纳百川的气度，都充分地展现出自强不息的奋斗精神。自强不息的精神深深地熔铸在中华民族的生命力、创造力和凝聚力当中，成为中华民族绵延千年、生生不息的精神力量。

司马迁为写《史记》历尽苦楚，忍辱负重，最终还是将这一千古名著公之于世，他的自强不息使后世更好地了解中国古老的文化，更好地认知了远古的社会，可谓给我们留下来一笔宝贵的财富。

爱迪生出身卑微、生活贫困，他只上过三个月的小学，老师因为总被他提出的古怪的问题弄得瞠目结舌，竟然当着他母亲的面说他是个傻瓜、将来不会有什么出息。爱迪生虽未接受过良好的学校教育，但凭借着个人的奋斗、非凡的智慧、自信、自强和自立终究获得了大成功。他自学成才，凭借坚忍不拔的毅力、罕有的热情和精力从千万次失败中站了起来。他用自己不懈的努力向世界证明了他不是那个老师口中的傻瓜，他是个天才。

人就应该有永不畏惧和自强不息的奋斗精神。生活的压力、学习的困难无时无刻不在困扰着每一个人，唯有勇敢地接受挑战，才能够获得成功。所以，我们要自强不息！

第三节 埋头奔走还要抬头看路——灵活应变

《易传·系辞》有云:“易为之书也,不可远;其道也,屡迁,变动不居,周流六虚,上下无常,刚柔相易,不可为典要,唯变所适。”

世事在不断地变化之中,不仅客观事实在改变,人对客观世界的理解和诠释也在不断地更迭。更重要的是,当进入到不同的环境中时,就会出现处境规范、客观环境对行为的约束,而周围的人的价值观和态度也可能会与自己的不同。以个人的力量是很难改变周遭的环境,令每一个环境都符合自己的行为习惯的。在大多数时候,个人需要调节自己的行为,以配合环境的要求。

要做出符合时宜的行动,就要具备敏锐的洞察力,从环境中含蓄的信号辨认出环境的意义。中国古代军事家孙子在他的《行军篇》中列举了许多例子,说明如何从含蓄、隐晦的环境信号当中准确地辨认出客观环境情况:在战场上看到众多树木在晃动,便知道敌人清道而来;看到草丛中有障碍物,便知道敌人在故布疑阵;看到飞鸟在天上飞起,便知道可能会有敌人埋伏左右;看到走兽骇走,便知道可能会有敌人潜进来进行偷袭;看到尘土高扬,便知道可能是敌人的战车来了;看到低而宽广的尘土,便知道可能是敌人的步兵逼近了;看到尘土疏散而炊烟袅袅,便知道敌人可能在砍柴;看到尘土少而时往时来,便知道敌人可能在扎营。从一些隐晦的现象察觉到环境的转变固然很必要，而且还要能从一些蛛丝马迹中去了解别人的生理和心理状态，也同样重要。

精明的企业家，能洞悉天下的形势，知晓动与静的时机；根据利弊权衡，制订趋吉避凶的行动策略。比如，在战争中，参战国多，最后参战的国家在其他参战国疲于奔命之际，养精蓄锐，而当其他国家奔波劳累之际，再举事称霸，霸业成功的概率就会更高。当参战国少，先举事者往往能夺得先手。在第二次世界大战中，列国争霸；美国后发而先至，印证了孙子的智慧。

在多元才能的训练中，灵活应变的能力是最重要的。灵活应变是指能够针对各种环境及状况而作适当的调适，同时还能充分掌控自我，沉着而不失理智。培养随机应变的能力，随时准备行动，把握机会或是解决问题，可以帮助你变得更果断。

心理学家称处境性的认识为见识，并把见识和学识区分开来。见识和学识不同。学识可以从书本上、课堂中得到，可是，见识则是经一事，长一智，从经验中汇聚而成的。一个读破万卷书的人，可以把他所学的东西如数家珍地讲出来；可是，一个经验老到的人，却通常不能讲清楚见识背后的理论。学识的理论性强，可是实用性低。而见识则源于生活，所以针对性强，实用性高。研究表明，要争取成为一个真正的通才，除了博大精深的学识外，还要具备广博的见识。

环境是变化的，有时候不一定就遵循着我们预想的那样可以按部就班地按照原计划执行。根据变化的环境因素，灵活地掌握应对策略，最终实现团队的目标，更重要的是我们团队有着随机应变的灵活思维。

应变能力是一种根据不断发展变化的主客观条件及时调整领导行为的难能可贵的能力；是复杂的现代竞争环境对一个人的素质提出的一条

起码的要求；也是确保取得圆满成功的一个必备条件。

具有应变能力的领导人才，不例行公事，不按部就班，不墨守成规，能够从表面“平静”中及时地发现新的情况、新的问题，从中摸索出新的路子，总结出新的经验；对改革中遇到的新事物、新工作，能够倾听各方面的意见，认真分析，勇于开拓，大胆地提出新设想、新方案；对已经取得的成绩，不满足、不陶醉，能够在取得功绩的时候，不得意忘形，能够透过成绩找到差距、找出隐患，百尺竿头，更进一步。一个人在工作的过程中要根据事物的发展变化审时度势地做出机智果断的应变，根据客观的外部环境，及时进行审慎的斟酌，对原先的决策做出较大的更改，甚至“推倒重来”。一名优秀的领导人才，其非凡的应变能力通常就表现在对一些复杂的“突发事件”和“非规范问题”的果断处理手段上。复杂计划的修订、微妙的外事活动的安排、举重若轻的经济谈判，都需要有灵活的应变能力。无原则的灵活“应变”是奸诈世故、虚伪的政客玩弄的伎俩。而现代个人的应变能力是保持在科学判断的基础上的原则性和灵活性的高度统一，在确定无法达到预定目标时能果断地“刹车”，及时转移工作的重点；在确定再坚持一下就会取得胜利的时候，能够顶住压力，排除各方面的干扰，不惜一切代价去争取胜利；在已实现预定计划时，能够适当地提出新的可能达到的目标，鼓励大家向新的高度挺进；在发现一个人和作用对象（即客观环境）的情况发生变化，根据预定决策方案难以实现原来的计划时，能够审时度势，急中生智，临场做出新的最佳决策。

随机应变才能抓住财富

成功之道中有一条就是变通，变则通，山重水复疑无路时不妨另辟蹊径，转换个角度，或许就会看见柳暗花明又一村的胜境，随机应变才能抓住财富。

有一天，著名的科学家爱因斯坦先生被邀请做演讲嘉宾，他的司机对他开玩笑说："我经常听你在车上准备演讲，听得多了，我也可以一字不漏地背出来了。"爱因斯坦听后便说："那就好极了，我昨天整天都在研究工作，正好很疲惫，而且邀请我演讲的机构与我素未谋面，你大可以替我去演讲，我做你的司机好了。"演讲当晚，司机果然一字不漏地背出了爱因斯坦经常说的演讲内容，令在场的人都敬佩不已，就连坐在观众席最后的爱因斯坦也频频点头表示称赞。

可是在演讲的最后，忽然有一位年轻的科学家追问了一个颇具深度的问题，那是司机演讲以外的内容，全场都在等待这位冒牌的科学家的答案。出乎意料的是，他竟然神态自若地开始回答说："年轻人，请恕我直言，你刚才的问题实在是太简单了，甚至可以说是个蠢问题，如果你不信的话，我可以证明给你看。这个问题简单得连我的司机都懂得如何回答。"紧接着，司机便邀请爱因斯坦上台回答，并且在掌声雷鸣之下离开了会场。

我们说这个司机的思维是非常灵活的，能够顺应时机的变化而灵活应对。可是在企业中，通常有句话说："无规矩不成方圆。"规矩固然重要，可是凡事总有例外，人就需要变通，企业亦是。湖南沐天投资有限公司就认为，过于刻板，规矩只能遵守不能改变，那就是大错特错的。尤其是作为一个投资公司，在选择投资渠道的时候要积极应变，随机应变才能抓住财富。

如何提高应变能力

在实践活动中，我们一定会遇到各种各样的问题和困难，努力去解决问题和克服困难的过程，就是增强人的应变能力的过程。扩大个人的交友范围，不论是家庭、学校，还是小团体，都是社会浓缩的一个剪影，在这些相对较小的范围内，我们或许会遇到各种需要应变能力才能解决的问题。所以，唯有首先学会应变各种各样的人，才能推而广之，应对各种复杂环境。唯有提高自己在狭小的范围内的应变能力，才能推而广之，应对更为复杂的社会问题。事实上，扩大自己的变化范围也是一个不断实践的过程。应变能力高的人通常能够在复杂的环境中沉着应对，而不是紧张和莽撞行事。在工作、学习和日常生活中，遇事沉着冷静，学会自我反省、自我监督、自我鼓励，有助于培养良好的应变能力。注意改变不良的习惯和惰性，如果我们遇事总是犹豫不决、优柔寡断，就要主动地分析自己解决问题的能力，并迅速地做出决断。如果我们总是墨守成规，半途而废，那就要从小事做起，努力控制自己，不达目标不罢休。只要下决心锻炼，人的应变能力是会不断增强的。

如何加强灵活应对的心理呢？首先，要有意识地培养自信心，经常进行自我暗示，暗示自己思维反应很敏捷，在心理上用肯定的语气说：我的反应很快。平时也要认可自己的反应能力很强。

第四节　用执着开拓生命里的疆土——坚持不懈

坚持不懈，不但是公司对员工的普遍要求，更是公司对领导层引领大家实现公司目标的不可或缺的一种根本精神。不论是工作能力、经验，还是荣誉都来自于坚持不懈的努力。遇到困难时不气馁，用顽强的毅力和昂扬的斗志应对挑战，才能不断地从失败中汲取经验，提高业务水平和各项素质。

桑德斯上校的故事

我想我们去“肯德基”连锁店吃肯德基的时候，一定都在门口见过“肯德基”店的创办人桑德斯上校的肖像。那是一个和蔼可亲的老头儿的肖像，可是我们是否了解他的成功故事呢？桑德斯上校不但不是出身富豪之家，甚至也没有念过著名的高等学府。而且在65岁之前，还是身无分文且孑然一身，依靠政府的救济金生活。可是，他并不气馁，不埋怨这个社会，仅是心平气和地自问这句话：“到底我对人们能做出何种贡献呢？我还有什么可以回馈的呢？”随后，他就思量起自己的所有，试图找出可为之处。第一个浮上他

心头的答案便是："很好，我拥有一份人人都会喜欢的炸鸡秘方，不知道餐馆要不要？我这么做是否实惠？"随即他又想："要是我不仅卖这份炸鸡秘方，同时还教他们怎样才能炸得好，这会怎么样呢？假如餐馆的生意因此而提升的话，那又该如何呢？假如上门的顾客增加，而且指名要点炸鸡，或许餐馆会让我从其中抽成也说不定。"好点子固然人人都会有，但最终要付诸行动才行。随后，他便开始挨家挨户的敲门，把想法告诉每家餐馆："我有一份上好的炸鸡秘方，假如你能采用，相信生意一定能够提升，而我希望能够从增加的营业额里抽成。"很多人都当面嘲笑他："得了罢，老家伙，若是有这么好的秘方，你为什么还穿着这么可笑的白色服装？"

桑德斯上校的点子最终被接受，你可知他先前被拒绝了多少次吗？整整在1009次之后，他才听到了第一声"同意"。在过去的两年时间里，他驾着自己那辆又旧又破的老爷车，足迹遍布了美国的每一个角落。困了就和衣睡在后座，醒来逢人就阐述他那些点子。他为人示范所炸的鸡肉，时常就是果腹的餐点，往往匆匆便解决了一顿。

历经1009次的拒绝，整整两年的时间，有多少人还能够锲而不舍地继续下去呢？我相信很难有几个人能受得了20次的拒绝，更何况100次或1000次，然而这也就是成功的可贵之处。假如你能够审视历史上那些成功、立业的人物，就会发现他们都有一个共同的特点：不轻易被"拒绝"打败，不达成他们的理想、目标、心愿，就绝不罢休。

汽车大王福特的故事

著名的汽车大王福特自幼帮助父亲在农场里面工作，当他12岁的时候，就在头脑中勾勒出了一种能够在路上行走的机器，而这种机器可以代替牲口和人力。可是，当时他的父亲要求他一定要在农场里当助手，而福特坚信自己可以成为一名出色的机械师。于是，他用一年的时间完成了别人要三年才能完成的机械训练，随后又花费了两年研究蒸气原理，试图实现他的目标，可是却没成功。随后，他又投入到了汽油机的研究上来，每天都梦想着制造出一部汽车。其创意被大发明家爱迪生所赏识，邀请他到底特律担任工程师。经过十年的艰苦努力，29岁时，福特成功地制造出第一部汽车引擎。今天的美国，平均每个家庭都有一部以上的汽车；今日的底特律，已成为美国最大的工业城市之一，当然，也曾是福特的财富之都。

人人都有成功的机会，人人都可以创造出奇迹。可是，现实生活中有很多人却没能够成功、没能创造出奇迹，原因有三：其一，有的人想都不敢去想；其二，有的人即便想了却不一定去做；其三，有的人想了，也做了，却没能坚持到底。信心和恒心就是人的两条腿。信心激励着我们去奋斗，点燃我们的热情；恒心让我们保持一份热诚，让我们坚持不懈，勇往直前。成功的人在明确了目标和建立了信心之后，就会坚定地采取行动，不论是穷追猛打、一鼓作气还是慢慢悠悠、中规中矩，他们都有一个共同的特点那就是有恒心。它们不论遇到什么困难，都不会选

择放弃，他们不达目的就誓不罢休。要知道我们每天的奋斗就像对参天大树的一次次砍击，头几刀可能了无痕迹。每一击看似微不足道，然而，累积起来，巨树终究会倒下。要知道我们每天的奋斗就像建造高楼大厦，它需要一砖一瓦的建造，当你筋疲力尽时，当你碰到挫折时，你要抵制诱惑，坚持就是胜利。

生命的奖励远在旅途的终点，而非起点附近。我们不清楚要走多少步才能达到目标，踏上第一千步的时候，仍然有可能遭到失败。可是，成功就藏在拐角的后面，我永远不知道还有多远。再前进一步，假如没有用，就再向前一步。实际上，每次进步一点点并不太难。

清代著名的围棋大师黄龙士，自幼立志钻研围棋。他每天都坚持打谱8小时，12岁就打遍泰州无敌手，可是他并不满足于现状，而是远赴京城，寻遍名师。历经几十年的不懈努力，终于一跃成为绝世高手，称霸棋坛50余年。如今，他流传于世的棋谱仍为专业棋手棋力进修经典教材。现代围棋强手古力，自幼刻苦好学，利用同龄人玩耍的时间刻苦学习围棋。迷恋围棋的他于1998年入选国家队，至今已蝉联七次全国冠军，现已达到专业九段。韩国著名围棋手李世石，立志成为围棋棋手，除了比赛之外，坚持闭门自修，曾勇夺韩国最优秀的棋手大奖——MVP。实际上，古今中外，有着滴水穿石精神的人不胜枚举：置生死于度外，为革命而捐躯的瞿秋白；扎根于实验室，提炼出放射性元素的居里夫人；埋头于画室，相伴于纸笔，画奔马栩栩如生的徐悲鸿。他们目标专一、持之以恒，克服了一个又一个困难，实现了自己心中的理想。

爱因斯坦曾说过:“疯狂就是重复做一件事，但期待不同的结果。”所以，有些人疯狂了之后成功了，有些人就真的彻底疯了。各中缘由，见仁见智。左岸记说:“对于这种小概率的事情，已是人生境遇的极限。”我们大多数的情况下是在有了一个很明确的目标或者在心里有了某种信念的情况下开始坚持，那些是我们之所以坚持的原因，而这些值得我们去坚持的事情必然会触动我们的心，坚持是一种心的历练。如果坚持下去，总会有个结果，可能你会感觉不到，因为我们都是在关注那个实实在在的结果，而忽视了我们拼尽全力坚持的过程，可是在这个过程中，我们真的收获了很多，即便坚持到最后是一个不好的结果，甚至没有结果，可是你要知道，一路走来，你并不是一无所获。倘若你承认自己输了，那也是输给了时间，输给了残酷的现实，更或者说，你是输给了你自己。

唯有坚持不懈，才有可能成功，它并不等同于“只要坚持不懈就能成功”。“审度时宜，虑定而动，天下无不可为之事。”中国古代的政治家张居正早已明白，遇到挫折需要重新选择正确的道路、正确的方法。面对荆棘遍布的山路，要重新选择才能够为你铺就辉煌的道路，才能欣赏“一览众山小”的壮阔；面对悬崖峭壁，要重新选择才能绝处逢生，不至于粉身碎骨；面对漫漫无垠的苦海，唯有浪子回头、悬崖勒马才能找到生路；面对挫折，唯有重新选择才能收获累累的成功果实。我们都是健全的人，我们更应该努力学习，珍惜我们现在好的学习条件，良好的学习环境。“乐观向上”“坚持不懈”这两个词永远都会铭记在心中。所以，让我们以坚持不懈的精神唤醒心中学习的激情，迈着坚定的步伐就一定能到达成功的彼岸。

我们一遇到挫折时就轻言放弃、就不再努力了，那么，我们绝对不会成功。失败者总是这样想:“不要用鸡蛋去碰石头了，会粉身碎骨的。

我只不过是个无名小辈。”我们千万不要有这样的想法。努力成功的人对于这种想法从来都不加以理会的，他们在失败时总是想再次去尝试。他们会时常去激励自己：“这是一条难以成功的道路，现在让我再从另外一条路上去尝试一下吧！”成功的秘诀就在于，每当我们失败的时候，就要想方设法地再次去尝试，总结出自己的过失和教训，用积极的人生观激励自己不断地进步。

世界上有很多在年轻时极富有才华的人，一生却总是默默无闻，而他们毫无建树的根本原因就在于年轻时不敢大胆地去尝试，以至于将自己所有的才华都埋没了。这就是古人所说的：“少壮不努力，老大徒伤悲。”所以，在人生的旅途上，不论遇到什么样的难题，都不要放弃继续尝试的机会，因为这是成功的必经之路。

第五节　爱拼才会赢——奋发向上

厄运是另一个命运的起点

不去计较它才能成就新的命运，一味地抱怨，不但厄运不会成为幸运，而且还会招来厄运，把厄运当成激发你心灵潜力的动力，这样才能将厄运转化为力量。

约翰·布伦迪被他的朋友们称作“马拉松人”，这是众所周知的事实。

1973年6月6日，约翰和平时一样做了20分钟的晨跑运动，可是，出乎意料的是，这次晨跑竟然成了他一生中的最后一次跑步。

那天早上跑完步以后，约翰照惯例去了工地，他和另外三个人一同在屋顶上工作。天气异常闷热，工作也非常辛苦，这时监工叫约翰拿一样工具给他，约翰便挪动双脚，谁料想房顶的水泥还未凝固，他就头朝下坠落了下去。

事后他回忆说："那时候，我听到很多杂音和背骨折碎的声音……现在想起来真是后怕，我整个身体一直往下掉，整个人就像饼干一样，那一瞬间我发现脚一点儿知觉都也没有了。仅仅数秒之中，恐怖、愤怒、绝望等情绪就一一向我袭来，我很想站起来，可是心有余而力不足，能听从脑袋指挥的只有头部。就好像有人在上面说：'唉哟，约翰掉下去了'。我心中不断期待，也不断咒骂。我将头转向左边，看到十厘米远的地方有穿着鞋子的双脚，脚尖就在眼前，好像是我的脚，可是怎么会在这里呢？那一刻，我真的害怕极了。好像又有人将我的头抬起，放在像枕头之类的东西上，其实我不觉得痛苦，后来激烈的阵痛不断侵袭我，痛得我几乎想死去，整个头好像被一根绳子吊起来，稍微动一动就痛苦不堪。

我猜想倘若绳子断了，我的头是不是会扭转不停呢？很奇妙的想法，是不是？我一直努力让自己保持清醒。

急救人员很快就到了，他们将我抬到担架上，因为痛苦的关系，我非常害怕别人移动我的身体，毕竟是专业的急救人员，他们一方面鼓励我，另一方面尽可能减轻我的痛苦，这让我大为放心。

当我被抬到救护车中以后，觉得舒服了一点，可能是心理作用，我认为只要马上到医院去治疗，情形是不会太严重的。一到医院，

神经外科医生表示要照光，把我放在台上，双手双脚呈八字形分开，为了配合角度，医生不时摆动我的头，一种从未有的痛苦侵袭着我，真的，从未有的。

过了一会儿，医生判断我的头骨断了，这不是一个好消息，我在孩提时代就听过头骨折断的故事，没想到竟也发生在我身上。我开始向上帝请求，请它赐予我力量，不容许发生任何事。漫漫长夜，好像永无尽头，我不断地回想当天所发生的事，思绪愈来愈乱，就这样痛苦地度过黑夜。

厄运面前做个积极的人

昏迷之中，我想起坐在轮椅上的总统——罗斯福和他说过的一句话：我们唯一应该恐惧的就是恐惧本身。

从此以后，我变成一个思想积极的人，我问自己：‘受伤对我有什么意义呢？’我不断地思考，并告诉自己：‘我将来一定会了解的，现在必须想办法活下去，我一定要努力。’对于这一切，我将心存感谢。我真正的奋斗从现在开始。醒来时，我发现头部两侧的针头已经取出来，原来我还在医院里。当时我想，只要安静下来，痛苦会逐渐减轻。”

经过几个礼拜之后，约翰的伤势已被认定终生无法痊愈，可是他依旧充满希望，盼望奇迹出现，为了使他的脊椎再度恢复健康，他专心致志地接受治疗。

约翰迫切地想知道自己的病情，唯一的方法只有向护士打探，有一次，他听到护士指着他房间的方向对助手说：“四肢麻痹就是像他那个样子。”约翰从来没有见过四肢麻痹的人，他甚至没有想过四肢会同时麻痹，哪里想到自己竟变成这个样子。

简单的一句话就揭露了真相。原来他是一个年轻又健康的丈夫和父亲，可是现在从头部以下全部麻痹，完全形同废人。即便如此，约翰仍然决定活下去，虽然痛苦不曾减轻，可是他活得比谁都来得坚强。

他又说：“我之所以决心生存下来，是因为有三个老师作为我人生的指针，这三个老师是愿望、献身、决意。我想活下去，想治好病，想知道自己究竟还能做什么事，我有这些愿望，这些老师经常在心里，我为此而奋斗，并相信有一天我可以取得胜利，所以永不灰心。”

如今约翰坐在轮椅上已经 11 年了，从人生的角度来看，他实在是太伟大了。

他的心中没有仇恨，没有苦恼，也没有憎恨。他认为假如相信命运或是憎恨别人，对自己并没有任何的好处，相反的是，我们应该爱护他人，即便自己的身体受到了伤害，可是自己的心理却很正常。

实际上，约翰证明了一件事，那就是真正的残疾是那些身体毫无缺陷、心理上却充满障碍的人。约翰一直这样告诫自己，受伤是无可避免的。

他又这么想，它是自己一生的转折点，自己应该下定决心努力活下去，这种想法是既健康又正确的，所以，约翰总是这么勉励自己，其实他认为自己并不是受害者，自己只是很自然地接受这个安排而已。

当约翰骑电动轮椅进入超级市场，或是通过马路时，轮椅不断发出声响，引起很多小朋友的注意，他们有的在嘲笑，有的一脸迷惑，也有的会说："蛮不错嘛。"一副很羡慕的样子。遇到这种情形，约翰就会做各种鬼脸逗孩子们发笑，可是，他并不是整天和小孩玩，他还经营着一家公司，做着为附近社区介绍婴儿保姆的工作。

另外，他还在一家教会里做"新希望电话商谈中心"之类的服务，他对人生充满了新的希望，特别愿意帮助那些失意的人找到希望。

约翰胜利了，因为他能够独立地生存下去，他曾说过："艰苦的日子总有结束的时候，心中充满希望，并能继续为生活而努力的人，才能享有新生命。"他不仅明白了这个道理，而且也是努力地把厄运视为命运重新开始的人。

实际上，我们每一个人都可能会遭遇厄运，可是作为人，我们要为自己争气，拿出勇气面对厄运。所以说，厄运并不能置人于死地，相反的，厄运是另一种命运的起点！

第7章

自我调整，迈向辉煌

每个人都不是完美的，你所了解到的自我结果，实际上是一个有缺陷的“自我”，面对自我的原本的面目，是否能够勇敢地接受现实、接受自我，是一个人心理是否健康、成熟，是否超越自我、突破自我的关键因素。拥有健康心理的人是能够正视自己的特点，接受自我。

第一节 健康由“心”开始

不以物喜，不以己悲

每个人都不是完美的，你所了解到的自我结果，实际上是一个有缺陷的“自我”，面对自我的原本的面目，是否能够勇敢地接受现实、接受自我，是一个人心理是否健康、成熟，是否超越自我、突破自我的关键因素。拥有健康心理的人才能够正视自己的特点，接受自我。他们接受自己，爱惜自己，不论自己漂亮与否、智商高低，他们都不会对自己的本性感到厌恶或是羞愧，他们对自己并不加以掩饰，他们无不是骄傲地接受自己，也接受别人。因为他们知道，自己与他人都是各有所长的极自然的人。对于不能改变的事物，他们从不怨天尤人，是可以欣然接受所有自然的本性。他们既能在人生的旅途中奋勇拼搏，积极生活，也能在大自然中轻松地享受——唯有勇敢地接受自我，才能突破自我，走上自我发展之路。

别人的生活无法效仿，与其羡慕别人，还不如做最好的自己。我们总是情不自禁地会去羡慕别人所拥有的东西，羡慕别人的工作，羡慕朋友买的新房，羡慕别人的车子，等等，唯独忽略了一点，我们自己也可能是别人所羡慕的对象。人就是这样，总希望能过上别人的生活。有的人经常幻想有一天一觉醒来，自己就会成为某某一样的人。或许是因为我们深知自己人生的缺憾，才会拿那些我们认为比较完美的人生来作比较。

实际上，没有谁的世界和生活是十全十美的，那些我们所羡慕的人同时也在承受着我们所不知道的压力，正所谓“家家有本难念的经”。人虚荣的本性促使他们只愿把自己风光的一面展示给人，又有谁能真正看到别人风光的背后呢？许多时候，得到的就是所承担的代价，每件事都像一枚硬币一样具有两面，有正面就有负面。羡慕别人是因为我们期待尽善尽美，期望可以活得更好，可是我们恰恰忽略了一点，每个人的处境都不同，别人永远无法效仿。所以，真的不必去羡慕别人。守住自己所拥有的，想清楚自己真正想要的，我们才会真正的快乐！

适合自己的就是最好的

这一天，小猪觉得太无聊了。他嘟囔着：“真烦，总该有什么好玩的事情吧，我去找找看！”于是，他就小跑着出去了。

跑到路边，小猪看到长颈鹿在吃树梢上的叶子，他目不转睛地盯着人家瞧，：“我敢说，做长颈鹿一定很刺激！”小猪想到了一个绝妙的主意！

小猪跑回去做了一对高跷，然后踩着高跷散步去了。

路上，小猪遇见了大象：“嗨”，小猪和大象打招呼，“我是一只了不起的长颈鹿，我可以看到很远的地方！”

“你不是长颈鹿”，大象微笑着说，“你只是一只踩着高跷摇摇晃晃的小猪，你最好小心一点！”听罢，小猪气呼呼地走开了，可是没走多远……砰的一声巨响，高跷断了，小猪摔倒了。“哦，

天哪！”小猪一边弹着灰，一边感叹着，“看来长颈鹿不适合我，我要去寻找更刺激的探险！”

还没走出两步，小猪又想到了一个绝妙的好主意！他在自己的鼻子上绑上了一根长长的管子，在耳朵上绑上了两片大树叶，他跺跺脚，又出门了！“嗨”，小猪和袋鼠打招呼，“我是一只了不起的大象，我会用鼻子喷水！”

“你不是大象！”袋鼠大笑道，“你是一只插了塑料管子的小猪！”小猪刚想去辩驳，突然……“阿嚏”，他打了个大大的喷嚏，将塑料管子喷了出去！“哼”小猪气哼哼的，“当大象一点儿也不好玩，不过，当袋鼠一定很有趣！”

小猪和鹦鹉打着招呼：“嗨，我是一只了不起的袋鼠，我能跳得和房子一样高！”

“你不是袋鼠，你是绑着弹簧的小猪！再说你跳得也不高。”鹦鹉大笑着说。这下小猪气坏了，他拼命地跳了一下，结果……他被倒挂在树干上，他在树上晃啊晃啊，“唉，要是我会飞就好了！”他气喘吁吁地从树上爬下来。不过，这样一来，他又决定成为一只鹦鹉了。

他找来贝壳和羽毛，给自己做了一对翅膀和一个大鸟嘴，之后，他便背着翅膀出门去了！

“我是一只了不起的鹦鹉，你的眼睛能看多远，我就能飞多远！”他向猴子炫耀着说。

“你不是鹦鹉！”猴子大笑起来，“你是一只披着羽毛的猪，猪不会飞！”他果真没有飞起来，而是就像一块大石头一样，一头扎进了泥潭里。

“真倒霉！”他躺在泥潭里拍打着泥巴，“事情都搞砸了，当小猪一点儿乐趣也没有！”

“你说什么？当小猪怎么会没乐趣呢？我就是猪，在泥潭里打滚很好玩呀，你试试吧！”

于是，小猪也跟着滚来滚去……他滚得越多，身上就越脏，他心里就越高兴！

“太棒了！”小猪高兴地大叫，“原来当小猪是最开心的事情呀！”

与其羡慕别人的生活，还不如好好体会一下上面这则故事。适合的才是最好的。很多时候，人们通常对自己所拥有的幸福都置若罔闻，认为别人的幸福是最耀眼的。事实上，或许别人的幸福对自己来说并不合适。这个世界丰富多彩，每个人都拥有属于自己的生活方式，何必去羡慕别人？做快乐的自己，安心享受自己的生活和幸福，才能拥有一个最真实、最圆满的人生。

西方有句谚语说得好：“与其抱怨黑暗，不如点燃蜡烛。”所以，不要再去羡慕别人的优越感，好好珍惜上天赠予你的恩赐，你将会发现你所拥有的绝对比没有的要多出许多。而缺失的那一部分，即便不可爱，却也还是你生命中的一部分，接受它并且善待它，你的人生就会快乐豁达许多。

泰戈尔曾说过：“谁如命运似的推动我向前走呢？那是我自己，在身后大踏步走着。”自我觉察是指人们对自己的情绪以及由情绪引发的行为的及时辨别。善于自我察觉的人，能够充分地认知和把握自己，而有些人却在遇到问题的时候，莫名其妙地就会陷入某种情绪中无法自拔，

其根源就在于缺少最初的自我察觉。

现代的生活节奏太快，以至于人们被各种压力推着向前走，根本没有时间停下来思考一下自身的种种问题，也很少花时间去反思和反省，最终导致了许多人的自我察觉水平不断下降，这不仅束缚了对自我的认识，而且也影响到与他人的关系。生活中，那些在人群中大声喧哗，对他人的侧目而视浑然不觉的人，那些从来不知道根据他人的言谈举止反思自己、调节自己行为的人，都是缺乏自我察觉力的人。而那些能够根据别人的一个眼神、一次皱眉、一个难以察觉的迟疑、一个欲言又止的表情而及时反思自己，并且在必要时调整自己的人，那些很少在一个问题上错两次的人，那些对自己的所作所为有清楚的了解和认识的人，那些被他人称作“善解人意”的人，通常都是既善于自我察觉又善于人际察觉的人。与人相处是离不开自我察觉与自我认识的。

米兰·昆德拉曾说过：“生命不能承受的不是存在，而是作为自我的存在。”首先，在和别人的比较中熟悉了自我。通过和周围人的比较，和圣贤模范的比较，了解了自我在这些参照系中所处的位置或具有的水平。其次，从别人的态度中掌控自我。在社会交往的过程中，别人就是一面镜子，我们因为看不见自己的面貌，就要照镜子，我们不轻易衡量、评价自己的人格品质和行为，就得利用他人对自己的态度和反应来获取一些评价，并通过这些评价来熟悉和认识自我。最后是从工作业绩中认识自我。它们既包括课业及生产性的行为，也指文学的、艺术的、科学的、技术的、社会的、体能等各方面的活动。各人所有具有的潜能的性质也大不相同，有人不善文字，而长于工艺；有人不善言辞，而精于计算，倘若只看少数项目上的成绩，通常不能察见一个人的才能和禀赋的全貌。所以，要全面客观地从工作的业绩中认识自我。

珍惜自我，努力活出自我，这个世界才会变得更加丰富和美丽。因为唯有自尊、自爱，才能被别人所爱。走出去，主动去选择生活，相信你饱满的精神状态和富有爱心的言语必将照射出一处处风景。

一棵树上很难找到形状完全相同的两片叶子，一千个人当中也很难找到两个人在思想情感上或是行为上步调完全协调。可是，每一片叶子都是截然不同的，不论是对叶子本身，还是对于拾叶的人。每个人都有属于自己的一片森林，跌倒了再爬起来，爬起来再继续寻找。寻找什么呢？有的人和你不期而遇了，一起走过一段路，最后又悄无声息地分开了，你已经看惯了人们的来来往往，当最初的一些离恨别情如潮水般退去，你开始不再寻找，学会把一切放下，顺其自然。只有走过风雨的人，才会享受风雨，只有漂泊过的人，才懂得“在路上”的美。生命的流转中你学会了接受自己，欣赏自己，倾听自己的声音。

生活给了大家一样的舞台，角色要靠自己去演绎。每个人都是一名演员，所不同的却是心境。境由心造，一念之间可以一花一世界，一沙一天堂。谁强谁弱、谁是谁非都只不过是一种感觉，人为设定了世俗的评判标准，而真正活得如何只有自己知道。什么才是最适合自己的，只有自己清楚，所以说，用心认识自己才是最重要的。

第二节 克服弱点，超越自我

人最大的敌人，还是自己

一些人一方面规划着完美的人生目标，另一方面却在不断地埋怨自身的处境，把原因全部归咎于他人，因此失败的例子比比皆是。

在追求成功的过程中，挫折和失利都只是暂时的，没有永远的失败，也没有永久的成功。除了自己，没有任何人可以让你沮丧、消沉。你是否还曾认为自己就是自己最大的敌人？很多人都有这样的经历，无论在做什么事，结果通常都不能如愿。即便出了问题，也只能责怪自己。

人的一生总会遇到一些敌人，可是人最大的敌人，还是自己。一个人倘若能够战胜自己，也就变得攻无不克、战无不胜了。一旦战胜了自己，也就在思想上有了一个飞跃，人生会打开新的一页。

从前，有一个潦倒落魄的人，特别想让自己糟糕的处境有所改变，可是，他在工作上却偷奸耍滑，应付了事。他认为自己的薪资太少，在工作上偷懒也是应该的。这样的人并不懂得改变处境的办法，他的懒惰、自欺欺人的想法不但无法帮助他摆脱贫困，而且还会让自己深陷入更大的困苦之中。

这个故事说明的道理很简单：自身是造成自己所处环境如何的根本原因，即便人们平时并未察觉到。倘若人能够真正懂得思想的巨大作用，那么环境就不会成为失败的借口了。

人生没有永远的成功与失败，人生就是由无数的成功和失败串联而成的。很多人在有机会成功之前，就早已失去了斗志。实际上，成功与失败之间的界限有时候很模糊。“成功”意味着拥有很多美好的事物，“失败”则意味着承载了过多负面的事物。

教人取得成功的书很多，可是，要想做个全面成功的人何其艰难，何不用“游戏人生”的态度来面对人生。这里所说的“游戏”并不是漫不经心，而是用轻松、愉快的心情重整旗鼓。很多时候，倘若你能够重新看到这个世界，那么你就会有不同的看法。在追求成功的过程中，只有暂时的挫折和失利，没有永久的失败，也没有永久的成功。

失败是一个过程，成功才是目标，有了过程的艰辛，才会有成功的喜悦。有的人害怕失败，一遇到挫折就又退回原来的地方，宁愿平庸也不愿接受考验，就和大部分有鸵鸟心态的人一样，即便对现状不满意，也不愿意放手一搏，总是自我安慰或者为自己寻找借口，通常，这种人都是与成功无缘的人。

一个人在逆境的时候，保持乐观并非易事。你必须在一个又一个困难面前坚强地站住，脸上带着笑容，心中充满阳光，然后用自信的步伐走上前去，把困难踏碎！

心态决定命运，思想极为重要。假如有一天，我们的脑海里浮现的都是快乐的回忆，那么我们就是快乐的；假如我们的脑海里浮现的都是悲伤的事情，那么我们就是悲伤的；假如我们的脑海里浮现的都是可怕的回忆，那么我们就是恐惧的……

生命并不简单，我们应该选择积极的态度，而不是采用消极的态度。换句话来说，我们必须要高度关切我们的问题，但绝不能忧虑。当我们被各种烦恼困扰着的时候，整个人的精神都紧张不堪的时候，我们可以依靠自己坚强的意志力改变自己的心境，我们应当记住，思想运用和思想本身就能将地狱造成天堂。

如何让自己变得积极起来

一、认识自己的长处

当我们开始感觉自己技不如人的时候，就应该大声地质问自己："我是只知道对着缺点叹气的人吗？"唯有真正地摆脱自卑的心理阴影，才会不再消沉、寂寞、烦躁、颓废、痛苦，才能够成为一个真正的生活强者。唯有将自己说服了，才是一种理智的人生；唯有将自己感动了，才是一种升华的人生；唯有将自己征服了，才是一种成熟的人生。

伟大的心理学家与哲学家威廉·詹姆斯曾说过："播下一个行动，我们将收获一种习惯；播下一种习惯，我们将收获一种性格；播下一种性格，我们将收获一种命运。"

认识和发挥自己的长处，同时也是一种心理上积极的自我暗示，可以让这种积极的心态和行为成为思维的习惯，成为不用刻意控制的心理活动。

心理学家曾经做过这样一个实验，从一所小学的六年级学生中挑出一组学生作为研究对象，并告诉校长和老师们，这是通过他们测试被鉴定为能力超群的儿童。经过 15 年的调查研究，人们发现，这些能力超群的儿童全部成为学校的尖子生。毕业后走上社会，也都成为出类拔萃的人物。

心理学家最后一次来到学校和校长交流的时候，告诉他，当年那些研究对象都是用随机的方法挑选出来的，根本没有经过任何测试。研究的结果表明，心理暗示有时能够起到积极作用。

生活中，我们总会受一些心理暗示的影响，就像故事中的金佛，用泥土掩盖了真正的自己。

其实，人最熟悉的还是自己，最陌生的也是自己。老子说："知人者智，自知者明。"王安石说："知己者，智之端也。"只有自己把自己征服了，才是一种成熟的人生。实际上，有力量征服自己的人才有力量征服一切挫折、痛苦和不幸。

二、放弃自己要不得

情绪的感染有时候就像野火般迅速蔓延开来，不论是快乐还是悲伤的情绪，都具有传染的因子。不要过于苛求自己，更不要因此影响了自己的情绪。

苏珊是一名外资公司的白领，收入颇丰。在外人看来她是成功而快乐的，可是，她却越来越感到自卑和焦虑，经常感觉压抑、沉闷、抑郁，与同事关系紧张。苏珊经常反省自己的言行是否妥当，比如别人有一点不满，即自责不止；工作认真努力，写一份文案需要修改多次却仍然不满意；由于身材稍胖，每天几乎不吃面食；对自己的长相、衣着要求也很苛刻，每天早晨必须有一个小时的化妆时间才能出门。但是，越是这样，她越会经常与别人进行比较，发现自己的短处，这种感觉使苏珊长期失眠，陷于压抑、痛苦、焦虑的心理状态之中，严重影响了工作和生活。

每个人都会有情绪，最重要的是别让负面的情绪左右你的生活，造成更大的困扰。负面的情绪有时源自他人，有时源自本身，为了不受到负面情绪的影响，最重要的是要让自己对负面情绪产生免疫的能力，别迷失在不愉快的情境中而不能自拔。

其实，最根本的原因就在于我们不能接受全部的自己。过于苛求让我们失去更多，甚至越来越不能面对自己。

在佛经中，有这样的一段譬喻：一位牧牛人，拥有250头牛。他每天都会到同一个水草丰足的旷野放牛，让牛群优哉优哉地吃草、喝水。

有一天，忽然跑出来一只老虎，咬死了一头牛，这250头牛因此就少了一头。牧牛人万念俱灰，他觉得少了一头牛，对他来说，已经代表着不完美了，为此，他心中非常的懊恼，一直耿耿于怀！

又过了几天，他觉得少了一头牛，已经不是原本的250头了。那其余249头牛又有什么用呢？于是就把249头牛赶落悬崖，那群牛就这样全被他赶尽杀绝了。

这段佛经的譬喻是说，人不要因为一次小小的失误，就抹杀了其余部分的美好。人的一生难免会有走错路的时候，我们不应该为了一点缺陷就全盘否定。人并非绝对的完美，也非圣贤，总会有不甚完美的缺点，可是，不要因为那些小小的缺点就全部扼杀了自己其他的优点，那是不公平的。

千万不要因为失去了一头牛，而抹杀掉了其他249头牛的生存权利。

人生亦然，不要因为自己一点小小的错误，而扼杀了其他的优点，接纳自己的全部，才能拥有真实的自己。

在生活中，有各式各样的问题让人沮丧、悲哀、痛心、寂寞、内疚、懊恼、愤怒、恐惧、焦虑，甚至绝望。所有这些情绪都让我们心痛如绞，这种感觉比身体上的痛苦更令人难以忍受。

一个人坐在公园里抽烟，陷入深深的苦闷里。

一位牧师来到他的身边："您一定有什么解决不了的问题吧？说出来让我帮帮你。"

这个人随意地看了牧师一眼，然后冷冷地说："我的问题很多，我厌倦了，没有人能够帮我。"

牧师将自己的名片留下，约这个人明天见面。出于好奇，这个人如约而至。牧师把这个人带到教堂后面的墓地里，指着一片墓碑对他说："你看一看吧，这里所有的人都没有任何问题。"

的确，只有在地下躺着的人，才不会有任何问题去烦他。

所以，我们要接纳全部的自己，不要因为丧失了某种能力或是才华，就轻易放弃自己。我们要看重自己的优点，改正自己的缺点。假如你打出生以来就失去某种能力或肢体上存有障碍，我想，上天一定还会为你打开另一扇窗。

三、是谁在影响你

从本质上来讲，我们受到别人的影响或是干涉，那是因为对方具有一定的震慑力。有时候过于尊重别人的意见，反而让我们失去应有的目标和快乐。所谓实践出真知，任何时候我们应该相信的都是事实，而不

是别人的意见。

四、给自己做主

二战期间，在浩渺的太平洋上，有一座小岛叫雅普岛，岛上有很多洁白如玉的石头。

德国人为了奴役当地人，用大把的马克来收买头人，头人却嗤之以鼻。后来一打听，原来在雅普岛居民的心中，只有那些石头才代表着金钱，代表着财富。

于是，狡猾的德国人派人将雪白的石头都刷上小黑十字，雅普人顿感财富丧失，一贫如洗，德国人后来将小黑十字洗掉，雅普人立刻为财富的失而复得而欢欣雀跃，并出于感激帮助德国人修路。

将自己快乐与否依托于外物本来就已经是一种悲哀，因为这份依托而被别人束缚着，则更是一种愚不可及的做法。许多时候，我们已经习惯于将自己的感情和情绪寄托在某件事物上，于是往往会受到这件事物的影响。在生活中追求别人所表现出来的快乐，和那些雅普人一样，是和自己过不去。

有一位著名的心理学家曾经做过这样一个试验：他将几名志愿者带到一间黑暗的房间里。在他的引导下，志愿者们很快就穿过了这间伸手不见五指的神秘房间。心理学家打开了房间里的一盏灯，在这昏黄如烛的灯光下，志愿者们才看明白房间内的布置，都不禁吓出了一身冷汗。原来，这间房子的地面就是一个很深很大的水池，池子内盘旋着各种毒蛇。就是在这个蛇池的上方，搭建着一座很窄的木桥，他们刚才就是从这座木桥上走过来的。

心理学家看着他们，问：“现在你们还愿意再次走过这座桥吗？”大家你看看我我看看你，一时间场面有些僵化。

过了一会儿，有三名志愿者犹犹豫豫地站了出来。其中一名志愿者一上去，就异常谨慎地挪动着双脚，速度比第一次慢了好多倍；而另一个志愿者则战战兢兢地踩在小木桥上，身子不由自主地颤抖着，才走到一半，就挺不住了；第三名志愿者干脆弯下身来，慢慢地趴在小桥上爬了过去。

这时，心理学家又打开了房内的另外几盏灯，强烈的灯光一下子将整个房间照耀得如同白昼。志愿者们纷纷揉着眼睛又仔细地察看了下四周，这才发现在小木桥的下方装着一道安全网，只是因为网线的颜色极暗淡，他们刚才都没有看出来。心理学家大声地问：“你们当中还有谁愿意现在就通过这座小桥？”

志愿者们都没有出声，心理学家问道：“你们为什么不愿意呢？”志愿者心有余悸地反问：“这张安全网的质量可靠吗？”

心理学家笑了：“我可以解答你们的疑虑，这座桥本来并不难走，可是环境对你们造成了心理威胁，你们因此打乱了平静的心态，乱了方寸，慌了手脚。”

在生活中，我们不断地与外界的人和物接触，别人不断地给我们各式各样的信息，而这些信息就像上面的试验中的蛇和网一样，对我们的心情以及决策产生不同的影响。倘若我们太容易受到别人语言和信息的干扰，心随境转，不愿意自己做主，我们也会成为被人嘲笑的雅普人。

五、调整生命的宽度

倘若一个人有嫉妒心，这是人之常情，它或许还是促使自己前进的动力、奋发的源泉。可这种情绪犹如野草，稍一放纵便会蔓生滋长，遍布整个心灵，与此同时，也给自己的生活蒙上了一层阴影。当我们遇到有疑问的事，不应该过早地下结论，要客观、理智地去分析，才能够了解真相。

当我们将花送给别人时，首先闻到花香的就是我们自己；当我们抓起泥巴抛向别人时，首先弄脏的是自己的手。所以，我们要时刻怀着善良的心，用真才实学战胜比自己强的人。

在我们的周围，总会有一些人有着比我们更出色的容颜、更优秀的才华、更丰富的财产，或者更高的官职权力。为此，我们无法做到心如止水。我们的反应大约有三种：其一是羡慕，欣赏别人的这种优势，称赞它、夸耀它；其二是奋起直追。别人的优势不断地激发我们的创造力，促使我们通过自身的努力去获取成功；其三是愤怒与怨恨。面对别人的优势，心理失去平衡，非破坏别人不足以让自己的心灵宁静，这种反应即为嫉妒。

很多时候，我们需要给自己的生命留下一点空间，可以随时调适自己。

假如你手中有一副牌，这牌无论或好或坏，你都要将它打完。人生也是如此，但唯一不同的是，人生可以改变，而牌局不行。还有，假如你打牌时输了，你可以草草结束；可是人生不可以，人生只有一次，不能因为一次或几次不如意而随意放弃自己。

我们不能决定生命的长度，可是我们可以扩展它的宽度；我们不能改变自己的相貌，可是我们可以时刻展露笑颜；我们不能控制他人，可是我们可以掌握自己。

第三节　悦纳他人，但不从众

欣赏是一种生活的态度

人与人之间的关系通常是相互的，你与人为善，也就是与己为善。当你用欣赏的眼光看待别人的时候，别人也会向你投来欣赏的目光；当你用鄙视的眼光看待别人的时候，别人也会向你投来鄙视的目光。培根曾说过："欣赏者心中有朝霞、露珠和常年盛开的花朵，漠视者冰结心城，四海枯竭，丛山荒芜。"

欣赏他人，是一种气度、一种发现、一种理解、一种智慧、一种境界。明智的人在欣赏他人的同时，也在默默地提升自己；愚蠢的人只能看到他人的不足之处，看不到他人的优势和长处。

有的人喜欢以自我为中心，忽视他人的成绩，听到别人成功就浑身不自在，看到别人进步就会心生嫉妒。这种自私、狭隘的心理不但会让自己形成性格缺陷，还会影响与同事、朋友之间的交流，继而影响自己的进步和能力的提升。我们欣赏他人的收获，更应该欣赏他人奋斗拼搏的精神。

在这个世界上，我们无法寻找到完美。任何事物都存在着缺陷，每个人都有自己闪光的一面，也有灰暗的一面，只是程度的侧重点不同而已，我们需要以海纳百川的胸怀去容纳他人，努力地完善自己。所以说，

智者的欣赏就是在欣赏他人的同时，试图将自己投入到辉煌业绩的熔炉之中，将自卑炼成自信；将不满锻造成奋争；将傲气挥洒成谦卑；将委屈升华成振奋；将失意挤压成动力；将挫折锤打成练达……

在欣赏他人的同时，也要学会接纳自己，欣赏自己，体会自我的独特性，理智与客观地看待自己的长处和不足，冷静地看待得与失。当自己不快乐、不满足的时候，是否还应该学会好好爱自己、悦纳自己呢?

读懂悦纳的真谛

悦纳自己，就应该有自知之明。对自己能做出恰当评价的人，既能深刻地认知自我，又能愉悦地接受自我，体验自我存在的价值。一个悦纳自己的人，并不意味着他的一切都是完美的，而是说他在接纳自己优点的同时，也了解自己的缺点，很坦然地接受了自己的不足之处。而后，不断地战胜缺点，注重自我形象的塑造，掌握自己做人的准则，不断地完善自己，更加积极地面对生活，走向成功。这是一种修养，也是一种难能可贵的品质。

人无完人，金无足赤。唯有学会欣赏他人，悦纳自己，才会不断地完善自己，不断地超越自我。唯有接纳别人，肯定自己，才会拥有属于自己的那片天空，会看见美丽的彩虹。

纵观现实生活，那些总感到“处处不顺眼，事事不称心”的人，不但无法尽到自己的社会责任，还会因此产生不良的社会后果。从某种意义上说，这是一种性格的病态。这些人或是自视清高，或是自命不凡，把自己置于群体之外；或是气度狭小，猜疑嫉妒，挑剔苛求，锱铢必较，将生活的视野固定在某一点上，因而带来了人与人之间的隔阂、心理上的负担和精神上的紧张，导致疾病的发生。在美国心脏病协会的一次年会上，著名的精神病学专家雷德福·威廉斯教授就提出了这样的观点："如果你工作废寝忘食，急于求成，富有很强的竞争意识，这一切倒并不一定会损害你的心脏；可是如果你常常对别人怀有敌意或戒心，动辄迁怒于人、难以相处，那将真正有害你的心脏。"据此他认为：豁达宽容、与人为善是一种健康的心理素质。

要悦纳他人，首先就要真诚待人，将心比心，多懂点心理学，多添点爱心，尽可能地用微笑、传情达意的目光去审视周围的人和事。此外，培养活泼、热情的性格，学会运用赞美、互酬的语言，亦能达到传情达意、同心共曲、琴瑟和鸣的效果。

实际上，悦纳自我、关爱他人就是一种生活态度，一种豁达的生活态度，人生的旅程对于我们每一个人来说，都不一定是那么宽阔平坦、绚丽多彩的。它不但坎坷崎岖，而且还布满了荆棘，所以，我们必须学会悦纳自己。

在人的一生中，会有很多的不称意和遗憾，所以我们要学会宽容与忍耐，否则自己就不会收获快乐。生活本身就是一面镜子，为什么要让自己不快乐，笑一笑，没有什么大不了的。实际上，人生也是体验的过程，假如我们每天都以极佳的、进取的状态去工作和生活，那我们就不会有任何的遗憾。

第四节　学会解压，让心灵短暂出逃

给心灵减减压

即便一再强调“减负”，可是现代中学生面临的种种压力还是让他们觉得不堪重负，甚至有的小小年纪就变成了“小老头”，心事重重。心理健康的标准一般有五个方面，即智力正常和灵敏、情绪正常和稳定、行为协调和自然、人际关系良好、对外界反应适当。心理健康是一个动态的调整过程，不可能有一个静止的理想标准，很多人都处于健康与不健康的边缘状态。所以，我们要时常关注自己的心理状态，经常调整自己的行为，让自己的心理处于健康的状态。

心灵减压的方法

◇培养健全人格

健全人格是心理健康最重要的标志。要树立正确的人生观，勿以自我为中心，珍爱友情、尊重他人、宽以待人、热爱生活，培养诚实、坦率、开朗、严谨等健康的心理品质，才会做到心情愉快。

◇多点人际交往

青少年有自己的社交圈子，交一些志同道合、相互促进的朋友，平时多做一些心理沟通，互相诉说自己内心的体验，共同表达喜怒哀乐，你就会不自觉地感到你并不是孤独的，许多人和你一起，也和你一样，于是你就会愉悦、轻松地面对生活。

◇学会适应环境

现代人需要培养自己的社会适应能力，在不同的环境中，要学会不同的生存方式，不能和周围的环境格格不入，否则烦恼便会接踵而来。在家时也一样，随着年龄的增长，情感会有所变化，可是却不能因此而忘记过去，要做到老有所乐，情有所归。

◇正确评估自己

青少年涉世未深，都有初生牛犊不怕虎的胆量，也经常会有不知天高地厚的表现，不能正确地评估自己。实际上，每个人都会有缺陷或是不足，不论生活中的你获得了多少功绩，都要记住生活中存在失败。要善于正确地评估自己的能力，不要把自己过高地定性为无所不能，否则遇到一点挫折，情绪就一落千丈，反之也不能过分看低自己，要自信地面对人生。

◇少些感情用事

人们的恼怒有80%是自己造成的。人的精神状态与性格有关，可是，更主要的是由后天的自然和社会环境影响决定的。年轻人血气方刚，比较冲动，又处于青春成长期，有的人对鸡毛蒜皮的小事也极为敏感，甚至发火动怒，迁怒家人或周围的朋友。一旦遭遇这种情况，要学会克制，更要从多个角度去理解整件事情，学会从情绪危机中突围出去。

◇多运动，少心病

生命在于运动，身体在于锻炼，心理健康也在于运动。运动能让人产生很多的愉悦感。在运动中，人们可以忘却尘世中的烦恼。知足才能

够常乐，但对知识的追求要永不满足，这样才能不断地充实自己美好的生活。可是，对物质生活享受的许多方面则应知足，观察我们周围世界的五彩缤纷，尤其是青少年，切勿有攀比心理，否则容易造成心理失衡。凡事多看积极的一面、乐观的一面，生活就会充满希望。

心理压力是个体在生活适应过程中的一种身心紧张状态，源于环境要求与自身应对能力不平衡，这种紧张状态倾向于通过非特异的心理和生理反应表现出来。压力过大、过多会损伤身体健康。现代医学表明，心理压力会削弱人体免疫系统，从而让外界致病因素引起肌体患病。现代生活的压力像空气一样，无时无刻不在包围着人们。

心理压力的产生原因是复杂的，每一个人的压力来源都截然不同。正如中国的俗语所言："人人有本难念的经。"但是，总体而言，可以把引起压力的原因归为四类：生活事件、挫折、心理冲突和不合理的认识。现代生活中每个人都会有所体验，心理压力总的来说有社会、生活和竞争三个压力源。

◇现实中的哲学

只知敬佩君子，不知安抚小人，很难有所作为；只学伟大思想，不屑平庸思维，很难有所成就；只追寻爱，不化解恨，很难心灵平静；只求谋划，不防破坏，很难做出成绩；只友好邦交，不智对敌人，很难持续发展。

第五节　弥补缺憾，做本色自己

羡慕他人不如去补偿自己

我们总是情不自禁地羡慕别人拥有的东西，羡慕别人的工作，羡慕朋友买的新房，羡慕别人的车子，等等，却唯独忽略了一点，我们自己也可能是别人羡慕的对象。人就是这样的矛盾，总期望能过上别人的生活。有些人经常幻想某一天一觉醒来，自己就会成为某某一样的人。或许是因为我们深知自己人生的缺憾，才会拿那些我们认为比较完美的人生来作比较。

实际上，没有谁的世界和生活是十全十美的，那些我们羡慕的人同时也在承受着他们的不如意，正所谓“家家有本难念的经”。人性虚荣的本质让他们只愿意将自己最风光的一面展示给人。很多时候，得到的就是所承担的，每件事都像硬币一样有两面，有正面就有负面。

羡慕别人是因为我们期待完美，期待可以过得更好一点，可是我们却忽略了一点，每个人的处境都不尽相同，别人永远无法模仿。所以，真的不必去羡慕别人。守住自己所拥有的，想清楚自己真正想要的，我们才会真正的快乐!

补偿心理是一种心理机制，个体在适应社会的过程中总有一些偏差，力求得到补偿。从心理学上看，这种调适补偿实际上就是一种“移位”，

即为战胜自己生理上的缺陷或是心理上的自卑，而发展自己在其他方面的长处、优势，超越或是赶超他人的一种心理适应机制。正是这一心理机制的作用，自卑感就变成了很多成功人士成功的动力了，成为他们超越自我的“涡轮增压”，而“生理缺陷”愈大的人，他们的自卑感越强，寻找补偿的愿望也就越大，成就大业的成本也就越多。在补偿心理的作用下，自卑感具有促使人前进的反弹力。因为自卑，人们会清楚甚至过分地意识到自己的缺陷，这就促使他们努力汲取别人的长处，弥补自己的不足，从而让其性格接受磨砺，而坚强的性格正是获取成功的心理基础。

增强自身的社会适应力

强者并不是天生的，强者也并非没有软弱的时候，强者之所以成为强者，就在于他善于战胜自己的软弱。

一代球王贝利初到巴西最有名气的桑托斯足球队时，他害怕那些大球星看不起自己，竟然紧张得一夜未睡。他本来是球场上的明日之星，但是却无端地质疑自己，恐惧他人。后来，他设法在球场上忘记自我，集中精力去踢球，保持一种泰然自若的心态，此后便以锐不可当之势进了一千多个球。

心理补偿是一种促使人转败为胜的机制，假如运用得当，将有利于人生境界的开拓。可是，应当注意两点：一是不要好高骛远，追求不切实际的补偿目标；二是不要受赌气情绪的驱使，唯有积极的心理补偿，才会激励自己攀上更高的人生目标。

在自我补偿的过程中，还必须要正确地面对人生的失败。人生之路，一帆风顺少，曲折坎坷多，成功是由无数次的失败组成的，就像美国通用电气公司创始人沃特所说：“通向成功的路即：把你失败的次数增加一倍。”可是失败对人毕竟是一种“负性刺激”，总会让人产生不愉快、沮丧、自卑。那么，如何面对，如何自我解脱，就成为能否战胜自卑、走向自信的关键。

面对挫折和失败，只有乐观积极的心态，才是明智的选择。其一，做到坚韧不拔，不因挫折而放弃追求；其二，注意调适、降低原先脱离实际的“目标”，及时改正策略；其三，用“局部成功”来勉励自己；其四，采用自我心理调适法，提高心理承受能力。

要让自己不成为“经常的失败者”，就要善于发掘、利用自身的“资源”。当今社会已经增加了这方面的发展机会，只要勇于尝试，勇于拼搏，就一定会有所作为的。屈原放逐乃赋《离骚》，司马迁受宫刑乃成《史记》，都是凭借他们不论什么时候都不气馁、不自卑，坚韧不拔的意志完成的名留青史的千古绝唱。依靠这一点，就会战胜困境的束缚，走向人生的辉煌。此外，作为青少年，还应该具备迎接失败的心理准备。世界充满了成功的机遇，也充满了失败的可能，所以，要不断提高自我应对挫折与干扰的能力，调整自己，增强社会适应力，坚信失败乃成功之母。如果每次失败之后都能有所“领悟”，那么就将每一次的失败当作成功的前奏，这样就能化消极为积极，变自卑为自信。